Paris
1851

Laboulaye, Édouard-René Lefebvre de

La Révision de la constitution. Lettres à un ami

LA RÉVISION

DE

LA CONSTITUTION.

Imprimerie de BERNUYER et C°, rue Lemercier, 24. Batignolles.

LA RÉVISION

DE

LA CONSTITUTION

LETTRES A UN AMI

PAR

ÉDOUARD LABOULAYE

Avocat a la Cour d'appel de Paris, professeur de Législation comparée au Collège de France, membre de l'Institut.

> Membre du souverain, quelque faible influence que puisse avoir ma voix dans les affaires publiques, le droit d'y voter suffit pour m'imposer le devoir de m'instruire.
>
> J. J. ROUSSEAU, *Contrat social*, liv. I

PARIS

A. DURAND, LIBRAIRE-ÉDITEUR.

RUE DES GRÈS, 5.

1851

PRÉFACE.

Dans un vieux livre, dont le nom m'échappe, je me sou-
viens d'avoir lu le conte d'une fille qu'on allait marier. La
mère l'avait promise, le père l'avait donnée, la famille fêtait
une union désirée; tout était réglé, arrêté, conclu. Quand
vint le tour du prêtre de demander, selon l'usage, à la fian-
cée si elle acceptait le mari qu'on lui proposait : « Homme
« de bien, dit-elle, vous êtes le premier qui pensiez à me
« faire cette question », et elle refusa.

L'histoire de cette pauvre enfant est celle de la France. Il
n'est pas un parti qui ne s'en croie le maître, pas une co-
terie qui ne l'ait promise, engagée ou vendue; mais de lui
demander son aveu, c'est ce dont personne ne se soucie. Ap-
paremment, la nation souveraine est une mineure qui, en
face de ces tuteurs improvisés, n'a pas même le droit d'avoir
une volonté. Pour moi, j'ose croire, avec tout homme qui
n'a pas fait vœu d'obéissance stupide ou d'ambition, dans un

couvent bleu, rouge ou blanc, qu'il n'est ni impossible, ni injuste, ni impolitique de consulter le pays sur les engagements qu'on prend si légèrement en son nom. C'est là toute la pensée de ce petit écrit. Ma voix est faible, mais j'appelle à mon aide tous ceux qui jugent que la France seule a le droit de disposer d'elle-même, tous ceux qui veulent lui épargner une de ces unions qu'impose la force ou l'intrigue, qu'accompagnent des misères sans nombre, et dont on ne sort que par un divorce sanglant !

Paris, 28 février 1851.

TABLE DES MATIÈRES.

LA RÉVISION

DE

LA CONSTITUTION.

PREMIÈRE LETTRE.

De la situation présente.

Vous avez raison, mon ami; dans la position de la France, c'est une chose étrange que le silence et l'inaction de nos hommes d'État, et je doute qu'on en trouve un second exemple dans la longue histoire de nos révolutions. De toutes parts on entend dire que nous marchons à l'abîme; chacun connaît, chacun signale l'écueil où nous allons fatalement échouer; le jour de la ruine est certain. C'est en 1852 que le Président et l'Assemblée, c'est-à-dire le gouvernement tout entier, disparaissent presque au même instant, et que la patrie est encore une fois livrée aux dieux inconnus. C'est en 1852 que la France, sans pilote et sans guide, est de nouveau jetée comme une proie facile à ces entrepreneurs de troubles publics qui savent si bien comment, au milieu de l'incertitude universelle, on prend le pouvoir par un coup de main. Voilà ce qu'on dit, voilà ce qu'on répète partout, les partis avec une joie et des espérances qu'ils ne prennent même pas la peine de dissimuler, les bons citoyens avec une inquiétude qui va grandir et s'accroître chaque jour; et cependant, personne n'essaye de prévenir un pareil désastre. On dirait qu'en sûreté sur la rive, nous assistons au spectacle d'un danger qui ne nous touche pas. Ce naufrage imminent, inévitable, n'est point notre naufrage, la ruine de nos travaux et de nos espérances, la décadence et la perte de la France! En temps ordinaire, la plus mince question fait sortir de terre des milliers d'empiriques, toujours prêts à nous vendre leurs infaillibles recettes; et quand il y va de l'existence même de la liberté, du salut de la patrie, de la paix du monde, on se tait, on attend ce qui sortira de cet avenir mystérieux et terrible dont l'ombre pèse déjà sur nous. Les hommes sont muets, la parole est aux événements!

Ainsi, ce peuple dont on se dispute la conduite quand elle peut sans péril satisfaire une vulgaire ambition, on le laisse, au moment suprême, sans conseil, sans appui, sans secours! D'où vient cet abandon? Est-ce impuissance, faiblesse, calcul? Croit-on la situation désespérée, et le remède au-dessus des forces humaines? N'ose-t-on livrer à l'opinion, soumettre au jugement du pays, ce qu'on offre, en chaque cénacle, comme le seul moyen d'en finir? Trouve-t-on, par hasard, que le mal n'est pas encore assez profond pour que la société épuisée se remette aux mains qui l'attendent, et veut-on recommencer la politique qui, en 1789, perdit la monarchie et la liberté? Je ne sais, mais je m'étonne qu'en France, parmi tant de cœurs résolus, le péril même n'excite point, je ne dis pas une vertu surhumaine, mais quelque ambition noble, justement impatiente, et qui cherche son triomphe dans le salut commun. Je n'espère point un Washington, mais je voudrais que des hommes de sens, étrangers ou supérieurs aux passions des partis, eussent le courage de dire à la France qu'elle n'est

point faite pour servir d'enjeu à des combinaisons misérables,
et que c'est à elle seule qu'il appartient de régler son sort et
de disposer d'elle-même.

Mais, dit-on, le pays est divisé; il ne se prononce pas; nous
attendons son vœu avant de le servir. Franchement, on ne
trompe personne, on ne peut s'abuser soi-même en couvrant
d'un pareil manteau ses espérances ou sa faiblesse. C'est justement parce que le pays souffre et ne sait comment guérir,
qu'il faut s'occuper sérieusement de son salut. D'ailleurs, et
pour qui ne se paye pas de mots, qu'est-ce que le vœu, qu'est-
ce que l'opinion de la France, sinon le vœu, l'opinion des
classes éclairées, c'est-à-dire de tout citoyen qui lit et qui
raisonne? Et ces classes, d'où reçoivent-elles l'impulsion?
d'elles-mêmes, ou de ces hommes en qui elles ont mis leur
confiance, et qu'elles écoutent à la tribune ou dans les journaux? Entre des solutions diverses, sans doute elles choisis-
sent; le peuple, dans son bon sens, est juge excellent de ce
qui lui convient, car cette convenance est matière de sentiment
plus encore que de réflexion; mais il ne faut pas lui demander d'improviser une solution. En toute contrée, l'initiative est
forcément au petit nombre. C'est aux hommes d'État, aux
chefs naturels et reconnus de l'opinion qu'il appartient de préparer et de proposer les mesures de salut. Se taire au moment
du danger, c'est se déclarer incapable, c'est abdiquer au profit
du premier aventurier qui saisira le commandement.

Le moment est-il venu de parler et d'agir? Oui certes, et il
est grand temps de lever son drapeau, si l'on veut entraîner
le pays dans une voie nouvelle et tenter, avant la ruine, un
suprême effort.—Et si la France n'adopte pas nos couleurs, si
elle refuse de s'engager dans le chemin que nous lui ouvrirons
par mille sacrifices? — Qu'importe? vous ne l'aurez pas moins
servie. Délaissé par l'opinion, vous n'en aurez pas moins été

utile à la nation, car par là même vous l'aurez forcée de
prendre parti. Le nombre des solutions n'est pas considérable; repousser la vôtre, c'est déjà choisir, c'est abréger
le chemin qui sépare du but. — Mais ma fortune politique ? —
Encore une fois, qu'importe en de pareils moments? Tous serviteurs, tous soldats de la France, nous ne pouvons pas tous
réussir. Aux uns le succès, aux autres l'oubli; mais à tous
l'honneur d'avoir protégé, défendu, sauvé peut-être ce pays si
malheureux et si grand, si digne d'amour et de pitié !

Pour moi, mon ami, je suis las de ce silence universel! J'a-
vais toujours espéré qu'un chef nous laisserait le mérite faci-
cile de l'obéissance; mais puisqu'il ne se présente pas, et
que déjà l'orage, en s'approchant, justifie tous les dévouements, je parlerai, j'apporterai ma solution. Fort de mon
obscurité et du sentiment d'un devoir rempli, sans lien
de parti, sans autre ambition que de susciter des voix plus
puissantes que la mienne, je dirai sans crainte le mot qui est
sans doute sur les lèvres de tout le monde, et que cependant
personne n'ose prononcer. Je romprai le charme fatal qui perd
le pays, en l'endormant dans une fausse sécurité, quand, pour
se sauver, il lui faut veiller et agir. En de pareils moments,
forte ou faible, glorieuse ou inconnue, toute voix est bonne pour
crier : A MOI, FRANCE, VOICI L'ENNEMI !

Je demande donc que la nation, dès à présent remise en
possession de son inaliénable souveraineté, de cette souveraineté que reconnaissent toutes les chartes républicaines, et
qu'aucune n'a droit d'enchaîner, soit appelée à prononcer
sur une Constitution qui l'entrave et la ruine. Je montrerai
comment il est possible de consulter le pays sans le bouleverser encore une fois, de prévenir un désastre autrement inévitable, de faire tourner au profit de l'ordre et de la
sécurité publique, une mesure qu'on n'envisage aujourd'hui

qu'avec un juste effroi, d'éviter enfin et de dissiper ce sinistre fantôme d'une Convention qu'on évoquera bientôt pour intimider les faibles et isoler les cœurs résolus. Ce n'est point, du reste, une utopie que je rêve, ce n'est point un système nouveau, inconnu, que je propose, mais simplement l'emprunt, l'imitation d'un moyen qui, en 1787, a sauvé la République américaine dans une crise semblable, un moyen que les divers États de l'Union ont employé quarante fois depuis un demi-siècle, et dans lequel ils ont toujours trouvé l'instrument qui, dans une démocratie, détourne et dissipe les désordres et les révolutions. Précieuse conquête pour la France si elle naturalisait chez elle une institution qui sauvegarde et la liberté et les droits imprescriptibles de la nation, ces deux trésors que chez nous les partis n'épargnent guère quand vient le jour du succès !

En somme, je demande que, sans abdiquer ses pouvoirs, sans abréger (qu'autant qu'elle le jugerait convenable) la durée de son mandat, sans suspendre la vie du pays, la Législature convoque en l'année 1851 une Assemblée de révision.

Je demande que cette Assemblée, élue, comme la Législature, par le suffrage universel, n'ait aucun pouvoir de législation ordinaire ; que son mandat exclusif soit de revoir la Constitution. Mais qu'à cet égard son autorité soit complète et qu'elle puisse se prononcer librement sur la forme de gouvernement qui convient à la France.

Je demande en outre (et j'appelle votre attention sur ce point) que cette Constitution, avant d'être valable, soit ratifiée par le pays. Il est au moins singulier que jusqu'à ce jour les mandataires de la nation aient, au mépris de leur devoir, dédaigné de la consulter sur son plus cher intérêt ; et ce mépris suffirait pour expliquer l'impuissance de tant d'œuvres avortées. Quant aux formes de la ratification, je montrerai qu'on en peut choisir d'efficaces, sans remuer outre mesure un peuple qui, pour cicatriser ses blessures, a tant besoin de repos.

« Voilà, direz-vous, un plan dont le moindre défaut est d'être « impraticable. C'est un rêve en face duquel il faut placer la « vérité. La Constitution s'oppose à toute révision de cette « sorte. A moins que l'Assemblée ne prononce sa propre dis- « solution en 1851, ce qui est peu probable, la Constitution « nous enchaîne jusqu'en 1852 : encore faut-il supposer (et « vous savez si cette hypothèse est aventurée) qu'il se trouvera « dans la Chambre une majorité des trois quarts prenant en « pitié le pays. Mais que dans ce gouvernement, dont la loi « suprême est la volonté du plus grand nombre, il se trouve « une minorité du quart (une minorité de cent vingt-six voix « peut-être) qui ne veuille pas de la révision, en voilà pour « trois années encore d'un régime sans nom, et il ne reste à « la nation, dépouillée de sa souveraineté, d'autre moyen « de manifester sa volonté, qu'une insurrection, toujours cri- « minelle quand elle échoue, mais toujours légitime et sainte « quand elle réussit !

« Dans les circonstances les plus favorables, avec l'aveu de « l'Assemblée, la Constitution nous oblige à renouveler tous « les pouvoirs en 1852. Élection d'une nouvelle Constituante, « élection d'un Président, élection d'une nouvelle Législature, « trois épreuves où peut rester la République. La première « de ces opérations difficiles ne nous donnera rien de moins « qu'une Convention de neuf cents membres, élue pour trois « mois, il est vrai, aux termes de la Constitution, mais avec « le pouvoir absolu de modifier l'œuvre de ses aînées, et « l'on sait quel est en pareil cas le respect traditionnel des « Assemblées ! Rien donc n'empêchera la Convention nou- « velle de prolonger son mandat, de supprimer le Prési- « dent d'un trait de plume, de s'emparer légalement de

« la tyrannie, comme fit sa devancière d'heureuse mémoire.
« Nous voilà bien loin de votre innocente Assemblée de
« révision !

« Ainsi, quelque sage, quelque raisonnable que puisse être
« votre projet, eussiez-vous trouvé le moyen infaillible de
« sauver le pays, la France entière voulût-elle une révision
« immédiate et pacifique, la Constitution oppose à ces vains
« désirs un obstacle insurmontable. La légalité nous tue, ou
« du moins nous condamne à languir et à nous éteindre consti-
« tutionnellement. Il est donc inutile de discuter des mesures
« que l'Assemblée ne peut proposer, et que la France ne peut
« accepter sans manquer à ces habiles législateurs qui, par
« un coup de génie, nous ont placés entre une Constitution
« impossible et une nouvelle révolution.

« Mais d'ailleurs, et même en admettant la légalité de votre
« proposition, que de difficultés ! Comment supposer qu'on
« pourra sans inconvénient tenir en présence deux Chambres,
« l'une maîtresse du présent, et l'autre de l'avenir, toutes deux
« naturellement rivales ? Comment gouverner en face d'une
« Assemblée qui change les bases mêmes du gouvernement ?
« Comment, avec une autorité aussi précaire, compter sur l'o-
« béissance et la tranquillité publiques ? Enfin, comment un
« peuple si inflammable supportera-t-il des épreuves, où l'on
« pèsera la république et la monarchie ? Vous allez déchaîner
« toutes les ambitions, répandre l'agitation et l'inquiétude,
« exciter les partis, jeter partout des semences de guerre civile.
« Votre projet est inconstitutionnel, impraticable et dangereux
« à l'extrême. Il précipite la France vers cette révolution même
« que vous voulez lui épargner. »

Voilà, je crois, vos objections. Je ne les affaiblis pas, je n'en
dissimule pas la gravité. Et plût à Dieu qu'il fût permis de laisser dormir de pareilles questions ! Plût à Dieu que se taire fût

aujourd'hui le plus sage et le plus sûr, et qu'il nous fût permis
de poursuivre tranquillement d'obscures et d'innocentes études!
Mais puisque dans la position qu'on nous a faite le silence est
un danger et l'inaction une ruine, puisque nous n'avons plus
le choix qu'entre des moyens extrêmes, écoutez-moi, car j'espère vous démontrer que, malgré son apparence étrange, la
solution que je propose est encore la plus conforme au principe de nos institutions, celle qui, dans l'exécution, offre le
moins de difficulté pour le maintien de la paix publique, le
plus de garantie pour la liberté, la seule enfin qui dénoue et
ne rompe point le lien fatal qui nous étreint. C'est à ce titre au
moins que je la défends, tout prêt à l'abandonner s'il est une
voie plus courte et plus sûre pour sauver la France des fâcheuses extrémités auxquelles la réduit cette Constitution qui
devait, disait-on, assurer sa prospérité et sa grandeur !

DEUXIÈME LETTRE.

Est-il nécessaire de reviser la Constitution ?

Avant de discuter les questions délicates que soulève la révision de la Constitution, demandons-nous d'abord s'il est nécessaire, absolument nécessaire de recourir à ce périlleux expédient. Il y a sur ce point d'assez tristes enseignements dans
notre histoire pour qu'on y regarde à deux fois avant de prendre ce moyen extrême, car trop souvent, au grand étonnement
des réformateurs, une révision a enfanté une révolution. Les
Etats généraux de 1780 devaient rappeler à sa pureté l'ancienne

Constitution monarchique, ils nous ont donné la république et la Convention. Si donc on peut supporter le système présent, si la France peut à tout prix vivre et se développer sous l'empire des lois de 1848, résignons-nous, quel que soit notre désir particulier. C'est le devoir d'un citoyen ; c'est le parti le plus sage en face d'un avenir dont personne n'ose répondre.

La France peut-elle vivre sous ce gouvernement qu'elle n'a point demandé, et que, suivant l'usage des révolutions, on lui a dédaigneusement imposé sans la consulter ? Ecoutons toutes les opinions, ouvrons tous les journaux. Est-il personne qui défende la Constitution et réclame le maintien de ce qui existe ? Ne parlons pas des amis de la légitimité et de la monarchie constitutionnelle. Ceux-là, cela va sans dire, ne veulent pas de la Constitution, et réunis ils font peut-être la très-grande majorité de la nation ; mais au moins que veut le parti qui se dit républicain par excellence ? N'annonce-t-il pas hautement qu'il faut supprimer la présidence, et que la première condition faite au candidat de 1852 sera de se prêter à cette modification de de la Constitution, modification la plus grave, la plus considérable qu'on puisse imaginer, car, selon moi, elle change bien plus que le gouvernement, elle atteint la société, elle fait de la France une pure démagogie, et doit fatalement, et dans un temps très-court, mener au despotisme par le chemin ordinaire de l'anarchie.

« C'est trop écouter, direz-vous, le murmure éternel des par-
« tis. L'agitation n'est qu'à la surface. La tribune et les journaux
« sont dans une perpétuelle émotion, mais au fond le pays, qui
« veut la tranquillité, et qui a horreur d'une révolution nouvelle,
« accepte avec résignation la Constitution. » — Non, mon ami ;
vous vous trompez et vous confondez la République avec la Constitution. On accepte la première, mais on repousse la seconde, parce qu'on sent bien que la République telle qu'on l'a faite ne

peut pas vivre ; et vous entendez répéter de toutes parts qu'a-
près tout on s'accommoderait du régime républicain, s'il nous
donnait ce que la Constitution nous refuse, l'ordre dans le
gouvernement, la paix dans la rue, l'assurance d'un lendemain.
Il y a dans cette disposition des esprits un caractère qui porte
avec soi la condamnation sans appel de la Charte de 1848.
Quand un gouvernement quel qu'il soit, légitime ou non, libre
ou non, assure l'ordre et la paix dans le présent, la sécurité
dans l'avenir, en un mot quand il est viable, il se forme un
parti qui le soutient et qui, au nom du travail et des grands
intérêts qui s'y rattachent, demande le maintien des institutions. C'est là le secret de la force qui entoure si vite les
gouvernements de fait. C'est ce qui explique la popularité et
l'influence du Président. Son nom était et est encore une garantie d'ordre et de durée; aussi je ne m'étonne pas de voir
au prince Louis des amis nombreux ; mais, je le demande,
où est le parti qui a foi dans les institutions nouvelles? Qui
les défend? Et sans la crainte d'un mal plus grand, qui
n'accepterait avec joie la Révision comme la fin de la crise
et le commencement d'une ère meilleure ? Quel est le fabri-
cant, le commerçant, l'armateur, en un mot quel est le pro-
ducteur qui ne réclame un gouvernement tout différent du
nôtre, c'est-à-dire un gouvernement solide, durable, et qui ne
mette pas perpétuellement à l'aventure la fortune de la France,
la vie et le travail de tous ?

Voilà, mon ami, le vice essentiel de la Constitution de
1848, fidèle copie de nos chartes révolutionnaires, qui n'ont
jamais vécu, et comme elles mort-née ! Ce n'est point pour la
France du dix-neuvième siècle qu'elle est faite, et tout au plus
serait-elle bonne pour le peuple oisif et payé d'Athènes et de
Rome. Théoriquement, il peut être fort ingénieux de tenir sans
cesse en action l'esprit de la démocratie, et de rêver une nation

modèle, toujours occupée à construire son gouvernement, comme
on bâtit un château de cartes, pour le détruire d'un souffle
quand il est terminé. Mais en vérité, comment a-t-on été assez
insensé pour condamner la France au stérile supplice de
Sysiphe, toujours relevant ce gouvernement, qui toujours
retombe sur elle, et en tombant l'écrase! Sommes-nous donc
des Romains vivant dans l'oisiveté de la conquête et des
dépouilles du monde, ou, simplement, ne serions-nous point
un peuple de producteurs, un peuple d'ouvriers, où le plus
grand nombre gagne son pain à la sueur de chaque jour?
Le travail sous toutes ses formes, c'est notre vie à tous;
la grandeur de la France n'est plus dans sa noblesse ou
dans son roi, elle est dans ses artisans, dans ses artistes,
dans ses ouvriers de la main et de la pensée. Mais le travail a des conditions naturelles; il lui faut avant tout la sécurité. Si l'on veut que je sème, il faut me garantir que je récol-
terai. Cette garantie, c'est le fond même, c'est la base du
gouvernement. Sa raison d'être n'est pas en lui-même (c'est là
l'erreur de tous nos théoriciens): cette machine si lourde et si
compliquée a son œuvre et son objet : c'est la protection du travail (je comprends sous ce nom la propriété et les capitaux,
qui ne sont, en dernière analyse, que du travail accumulé.)
Une constitution qui ne protége point cet intérêt vital, qui,
laissant la société exposée à un coup de main, décourage la production, et en certains cas l'empêche, cette Constitution est
un obstacle et un danger qu'il faut écarter promptement et par
un commun effort, car elle est pour tous une cause incessante
de souffrance et d'affaiblissement.

C'est là que nous en sommes; il ne faut pas nous faire illusion. Le mal dont souffre la France, c'est l'insécurité; et cette
insécurité vient moins des idées ou des passions qui nous agi-
tent, que de ces institutions mauvaises qu'on nous a si mal-

adroitement imposées. La France, aujourd'hui, présente cet étrange spectacle d'un peuple laborieux, intelligent, qui, revenu de ses rêves d'ambition et de conquête, ne demande qu'à développer en paix son industrie, étendre son commerce, améliorer sa position physique, intellectuelle et morale, et qui use stérilement son génie à lutter contre un mal qu'on lui a volontairement inoculé. Ils ont été bien coupables ou bien faibles les législateurs de 1848, et l'histoire leur sera sévère, car en présence de la Révolution encore vivante, ils ne pouvaient douter un instant des vices de leur œuvre. A quoi sert donc l'expérience, pour qu'en 1848, on ait reproduit, en les exagérant, les défauts de cette impossible Constitution de 1791, qui perdit du même coup le roi, nos pères et la liberté!

Eh quoi! quand on avait l'exemple de la faiblesse de la Constituante, et du despotisme de la Convention; quand tant de témoins peuvent encore nous dire ce qu'ont coûté de sang et de misère ces fausses et funestes théories, on ignorait qu'une Assemblée unique, tour à tour esclave ou despote, faible ou emportée, indifférente ou susceptible à l'extrême, n'a jamais causé que désordre et malheur! Après la banqueroute, les assignats, la disette et la guerre, on avait besoin d'une épreuve nouvelle pour reconnaître qu'il n'y a pas de gouvernement, pas d'administration, pas de crédit, pas de finances, pas d'alliances possibles avec une Assemblée ondoyante qui peut, dans un jour d'entraînement et à une voix de majorité, détrôner par une accusation le chef de l'Etat, se mettre au-dessus des lois, supprimer cent millions d'impôts, déclarer la guerre, confisquer l'industrie, et recommencer les assignats sous un nom nouveau.

On détruisait le pouvoir exécutif, en lui refusant le *veto* nécessaire à son existence, et cependant un écho lointain répétait en-

core le cri prophétique de Mirabeau : « Pour moi, messieurs, je
« crois le veto tellement nécessaire, que j'aimerais mieux vivre à
« Constantinople qu'en France, si le roi ne l'avait pas ! Oui, je le
« déclare, je ne connaîtrais rien de plus terrible que l'aristo-
« cratie souveraine de six cents personnes, qui demain pour-
« raient se rendre inamovibles, après-demain héréditaires, et
« finiraient, comme les aristocrates de tous les pays du monde,
« par tout envahir. »

Quelle déception que ce scrutin de liste qui, au lieu de ménager les campagnes, siége de l'esprit d'ordre et de conserva-
tion, crée un privilége au profit de la turbulence des villes;
qui, loin de rapprocher le candidat de ceux qui connaissent
sa vie et son caractère (principe fondamental en toute démocratie), sépare l'électeur de son mandataire, le force à des
transactions sans nombre, et agrandit le règne du journa-
lisme et des partis! Sont-ce là des principes républicains?
Qu'est-ce alors que les Etats-Unis, fondés sur des principes con-
traires, les Etats-Unis si florissants, si paisibles, depuis plus de
soixante ans? Si c'est ainsi que les amis de la République ont
espéré la faire adopter par la France, qu'auraient donc inventé
pour la perdre ses plus cruels ennemis!

Ne m'accusez pas d'être impitoyable pour la Constituante
de 1848 ; l'histoire, qui commence pour elle, dira qu'elle a com-
promis pour longtemps la République et la liberté. J'ai d'ailleurs le droit de condamner la Constitution, car je n'ai point
attendu les maux qu'elle enfante, pour signaler ses défauts[1].
Avant qu'elle fût votée, j'ai crié qu'on menait la France
à l'abîme, et c'est bien le moins que je répète aujourd'hui
ce qu'il était alors si facile de prédire. D'autres l'ont fait
comme moi; il ne fallait pour cela ni un courage, ni des lumières supérieures; on ne nous a pas écoutés; aujour-

[1] Voyez l'appendice.

d'hui peut-être, on comprend qu'on ne gagne rien à dédaigner l'expérience, à transiger avec les passions, et que la politique d'expédients est, de toutes les politiques, la plus fausse, et par cela même la plus dangereuse.

Puisse au moins nous servir ce nouveau démenti donné à la vanité des théories révolutionnaires! Cette fois, l'épreuve est complète; il n'y a eu ni guerres, ni séditions pour la troubler; la Constitution s'affaisse d'elle-même par un vice intérieur, au milieu d'une société trop abattue pour qu'on l'agite. Il n'est pas même permis de s'en prendre aux passions humaines de cette chute inévitable, et l'amour-propre des théoriciens, cet amour-propre incurable et qui nous coûte si cher, n'a pas même ici son excuse ordinaire.

Oubliez l'agitation présente si triste pour les amis de la liberté, car si l'on n'y prend garde elle dégoûtera du gouvernement représentatif un peuple qui n'épouse ni les passions, ni les frayeurs de ses députés; reportez-vous à quelques mois en arrière, et vous reconnaîtrez que la sagesse des hommes (sagesse imposée par les événements) avait corrigé en partie le danger de nos institutions. L'Assemblée, effrayée au début par le débordement du socialisme, a été maintenue par le besoin d'une résistance commune. Elle ne s'est point divisée, comme elle l'eût fait infailliblement, si une même crainte et un même effort n'eussent réuni les esprits les plus opposés. L'élection d'un Bonaparte a donné au pouvoir exécutif un prestige qui avait jusqu'à présent caché sa faiblesse constitutionnelle, et modéré la puissance de l'Assemblée, en la balançant dans l'opinion. Le scrutin de liste n'a point faussé outre mesure la représentation nationale, parce qu'au moment de l'élection, une seule pensée occupait tous les cœurs : refouler ces passions mauvaises qui poussaient à l'assaut de la société.

Mais que sera-ce en 1852, si l'élection nous donne un président que ne soutient pas l'opinion, une Assemblée où les
partis jettent le masque? Que deviendrons-nous, si un chef populaire, osant tout ce qu'il peut, se lasse de l'impuissance légale
à laquelle la Constitution le condamne, et entre en lutte avec l'Assemblée, comme étant, plus qu'elle, le représentant de la nation! Comment travailler, comment entreprendre, comment produire, au milieu de l'agitation universelle, et peut-être de
l'émeute et de la guerre civile? Cela est impossible; et pourtant, qui peut douter que dans un État où le gouvernement
tout entier est à la merci de l'opinion mobile de sept cent cinquante personnes sans responsabilité, et par conséquent sans
esprit de suite et sans modération, la Révolution ne finit jamais?
Elle est dans la Constitution qui, au milieu de la lassitude universelle, l'entretient comme un feu sacré, tout prêt à éclater au
premier moment de négligence et d'abandon. C'est là, c'est
dans la Constitution, qu'il faut la combattre et l'étouffer, si l'on
ne veut pas qu'elle dévore le pays épuisé.

TROISIÈME LETTRE.

**La nécessité d'une révision étant reconnue, quand cette révision
doit-elle se faire?**

Si je vous ai fait partager ma conviction; si vous croyez
comme moi que le vice de nos institutions est la cause principale de nos maux, vous voyez qu'on ne doit pas reculer la
révision, puisque chaque heure de retard accroît le malaise
général. Ce n'est pas impunément qu'on s'inquiète dans une
société où chacun vit de son travail, car aussitôt l'industrie

s'arrête, les capitaux émigrent le crédit se resserre, l'esprit d'entreprise s'éteint! Non-seulement la suspension ou la diminution du travail réduit immédiatement à la misère une classe nombreuse de citoyens, mais encore elle compromet dans l'avenir la fortune et la puissance du pays. Dans cette lutte industrielle qui fait aujourd'hui la vie de l'Europe, quand un peuple s'arrête, les autres grandissent à ses dépens. Leurs relations augmentent, leur fabrication s'accroît, l'affluence des capitaux émigrés fait baisser à leur profit le taux de l'argent; autant de causes de prospérité! L'Angleterre, en 1848, s'est enrichie de tout ce qu'a perdu la France; et que de temps, que de peines il faut pour regagner sur le marché du monde l'avance que fait perdre un jour d'émeute à Paris! Souffrance dans le présent, faiblesse dans l'avenir, c'est le fruit le plus certain des révolutions!

Assurément, rien ne serait plus fâcheux que la prolongation d'une telle crise et, de toutes les politiques, la plus funeste, malgré son apparence de sagesse, est cette politique effrayée, qui a tellement peur du changement, qu'au risque de périr, elle s'obstine à rester dans sa misérable situation. C'est ressembler à ces malheureuses femmes que ronge une douleur invisible, qui croient tromper le mal en le dissimulant à tous les yeux, et s'abusent elles-mêmes, jusqu'au moment où, maître de l'organisation, le cancer éclate et défie l'art impuissant du médecin. Ce n'est pas en s'abandonnant ainsi, qu'un pays se tire de danger. Sans doute, il est sage d'attendre, quand le temps apporte avec soi le salut, mais c'est folie, quand chaque jour accroît la ruine. Si la Constitution est vraiment, par son instabilité, la cause principale de nos souffrances, l'inquiétude du présent, l'effroi de l'avenir, il faut y toucher hardiment. Retarder, c'est ajouter des difficultés nouvelles aux difficultés d'aujourd'hui; c'est grossir le flot qui va tout emporter.

Aussi je considère comme le plus mauvais expédient la prolongation des pouvoirs du Président, sous l'empire de la Constitution qui nous régit. Je ne discute pas les dangers d'un coup d'Etat, par lequel l'Assemblée dépouillerait la nation de son inaliénable souveraineté, et annulerait, en le violant, le mandat dont elle tire son droit. C'est une hypothèse chimérique; une Assemblée usurpe rarement pour le compte d'autrui. J'admets la légalité de l'acte; je suppose que la France consultée se prononce pour la prolongation des pouvoirs (et, n'en déplaise aux théoriciens, elle a ce droit si elle est souveraine, et peut changer un article de la Constitution aussi bien que la Constitution tout entière); où nous mènerait cette nouveauté? Le temps ne ferait qu'aggraver et rendre plus sensible le vice de la situation. Après un moment de sécurité les difficultés reparaîtraient plus grandes, car lorsque le mal est dans les institutions, il est insensé de croire que les événements et les passions ne l'en feront pas sortir. Le provisoire, en se prolongeant, affaiblirait nos ressources; une apparence de tranquillité, en éloignant la pensée du danger, accroîtrait la division dans le parti de l'ordre, assemblage d'opinions diverses, momentanément réunies par l'intérêt commun, et nous verrions la société encore une fois conquise, comme en Février, par ce parti qui sait si bien comment d'un mécontentement passager on fait sortir à coups de fusil une révolution. Il ne faut pas s'y tromper; le péril est plus pressant aujourd'hui qu'en Février. Un pouvoir affaibli et sans racines ne peut offrir qu'une faible résistance, tandis que l'audace est grande après un succès inouï, surtout quand la Constitution, complice des passions mauvaises, offre des chances sans nombre à qui veut surprendre le pays en désarroi.

« Admettons, direz-vous, que la Constitution ne peut durer;
« aussi bien sa réforme est, en apparence, le vœu général;

« le plus sage est d'attendre la fin de la session, l'époque ré-
« gulière où cesseront les pouvoirs de l'Assemblée. D'une part,
« la Constitution semble l'ordonner ainsi; de l'autre, il y a
« une certaine reprise d'affaires qu'il ne faut pas troubler par
« des discussions intempestives. Enfin, c'est peut-être com-
« promettre le succès de la mesure que d'inquiéter l'Assemblée
« sur la durée d'un mandat qu'elle tient sans doute à remplir
« jusqu'au bout. »

Cet avis n'est pas le mien; je laisse de côté la question de
légalité, nous l'examinerons tout à l'heure. Je suppose l'Assemblée maîtresse de fixer l'époque et la forme de la révision,
et je demande ce qu'elle doit faire dans l'intérêt public. Je ne
discute pas davantage la question personnelle. L'Assemblée a
fait plus d'une faute (quelle puissance absolue n'en fait pas!),
mais elle a donné assez de preuves de patriotisme pour qu'on
ne doute pas qu'elle ne sacrifie toute considération particulière, quand ce sacrifice sera nécessaire. Reste le ménage-
ment de l'industrie, des affaires, du travail, c'est un intérêt
de premier ordre. Mais remarquez que si la révision est inévitable en 1852, le mouvement s'arrêtera prochainement. Toute
la question est donc dans le choix du moindre mal, et voilà
pourquoi je propose d'avancer une mesure qui sera d'autant
moins fâcheuse qu'elle sera plus promptement exécutée. C'est
pour détourner les désastres de 1852 que je désire la révision
en 1851. Du reste, je ne demande pas qu'on la fasse demain,
encore moins que l'Assemblée ou le Président abdiquent avant
le jour fixé; tout ce que je veux, c'est que l'Assemblée fasse reviser la Constitution, pendant la durée de son mandat; je n'ai
pas la prétention de lui dicter l'heure et le jour de sa détermination; je m'en fie sur ce point à son dévouement et à ses lumières.

Je dis seulement qu'attendre 1852 pour cette grave mesure, c'est en compromettre le succès.

C'est attendre que la vague anxiété qui tourmente sourdement le pays prenne un caractère sérieux, à l'approche de cette date fatale. C'est vouloir que la nation inquiète, émue, agitée, n'ait plus de liberté d'esprit au moment où la possession de soi-même est plus que jamais nécessaire. En face d'un parti qui annonce l'intention de se présenter violemment dans les comices de 1852, pour y briser la loi électorale, c'est jouer le jeu de l'émeute et de la sédition, que de renvoyer cette décision brûlante au jour où l'Assemblée et le Président ne seront plus qu'un pouvoir sans force, sans durée, sans énergie. C'est perdre la France par une lâche temporisation.

Supposez que l'élection triomphe d'une attaque qui se fera avec toute la furie d'un parti qui joue son dernier coup, que de difficultés encore et que de dangers! C'est au milieu de l'ébranlement universel, parmi cet affaiblissement qui accompagne l'enfantement d'une Constitution, que nos législateurs auront à remanier les institutions et à défendre la société, semblables à ces Hébreux qui, au retour de la captivité, reconstruisaient Jérusalem, la truelle d'une main et l'épée de l'autre. Que deviendrons-nous pendant cette rude campagne, renouvelée de 1848; et que sera-ce si, comme il est permis de le craindre, l'Assemblée nouvelle, enivrée de sa puissance, recommence quelques-unes des erreurs de la Constituante et de la Convention? Que de maux, si seulement elle traîne en longueur une œuvre qui tient en suspens la vie de la France, si elle se montre peu pressée de terminer un travail qui doit amener son abdication!

Au contraire, s'il était possible, pendant que tous les pouvoirs fonctionnent régulièrement et possèdent encore la confiance publique et l'autorité de commandement, parce qu'ils ont devant eux un certain avenir; si, dis-je, il était possible de réformer paisiblement la Constitution, de supprimer en quelque sorte la

Convention, et d'arriver, à l'expiration des pouvoirs du Président et de l'Assemblée, non pas en face d'une dictature révolutionnaire, mais d'un gouvernement régulier ; quel immense avantage pour le pays ! Que de maux épargnés ! Que de misères évitées !

Cette réforme, qui effraye aujourd'hui, deviendrait un gage de sécurité ; au lieu de ralentir le travail (suspension inévitable en 1854), elle l'exciterait, en permettant *ce long espoir et ces vastes pensées* sans lesquelles un peuple déchoit et se perd.

. En peu de mots, veut-on risquer une nouvelle révolution en 1852? Nous y allons tout droit ; il suffit de laisser couler le temps. Veut-on la prévenir ; il faut dès à présent conjurer toutes les forces du pays. Au point où nous en sommes, attendre, nous perd : agir, nous sauve. Malheur à qui hésite en de tels moments !

QUATRIÈME LETTRE.

Quel est le véritable sens de l'article 111 de la Constitution ? Est-ce un ordre ? est-ce un simple conseil ?

Je crois, mon ami, vous avoir démontré de quel intérêt il est pour la France de ne point retarder la révision de la Constitution, et je vous prouverai également, j'espère, que c'est un énorme avantage d'adopter pour cette révision les formes américaines, qui nous garantissent une opération paisible et nous gardent d'une autre Convention. Mais, ici, nous rencontrons l'obstacle en apparence insurmontable, l'article 111 de la Constitution. Cet article fixe le jour avant lequel on ne peut même proposer de toucher à nos institutions. Il prescrit les règles qu'on doit suivre dans cette décision. Il détermine les formes de la révision. Rien n'est donné à la volonté de l'Assemblée; tout est ordonné, tout est commandé par une autorité supérieure; l'Assemblée et la nation même n'ont plus qu'à obéir.

Voici l'article; en apparence, il est formel :

Art. 111. Lorsque dans la dernière année d'une législature l'Assemblée nationale aura émis le vœu que la Constitution soit modifiée en tout ou en partie, il sera procédé à cette révision de la manière suivante :

Le vœu exprimé par l'Assemblée ne sera converti en résolution définitive qu'après trois délibérations consécutives, prises chacune à un mois d'intervalle et aux trois quarts des suffrages exprimés. Le nombre des votants devra être de cinq cents au moins.

L'Assemblée de révision ne sera nommée que pour trois mois.

Elle ne devra s'occuper que de la révision pour laquelle elle aura été convoquée.

Néanmoins, elle pourra, en cas d'urgence, pourvoir aux nécessités législatives.

« A quoi bon discuter? la disposition n'est-elle pas nette, « positive, explicite? Vous imaginez-vous qu'une chicane d'a- « vocat puisse en troubler le sens; croyez-vous que jamais « l'opinion publique vous suive et s'engage en de vaines « subtilités? Eussiez-vous cent fois raison au fond, la Consti- « tution est manifestement contre vous, et toute polémique est « inutile. »

Mon ami, je vous demande un peu de patience. Vous savez que, même en littérature, j'ai horreur du paradoxe; en politique, c'est toujours une absurdité, et quelquefois un crime. J'admets, comme vous, qu'on ne commande à l'opinion, qu'on n'a droit de conduire les hommes que par la vérité, les principes, le bon sens. De plus, je suis avocat, chargé par l'État d'enseigner la législation, élevé dans le respect des lois, alors même que ma raison les condamne, et ne voulant de réforme que suivant les voies régulières. Pour que j'expose mon sentiment dans une question aussi grave, il me faut une conviction qui ait

mis plus d'un jour à se former. Ma conviction est entière,
et comme nulle passion ne la trouble , qu'elle est fondée
sur le raisonnement et l'observation, j'appelle avec confiance
l'attention des jurisconsultes et des hommes d'Etat sur un point
que, après tout, on a adopté jusqu'à présent sans examen.

Oui, mon ami, je crois que si vous lisez sans prévention les
pages suivantes, les dispositions de cet article formidable
vous apparaîtront sous leur vrai jour. Je vous montrerai que
cet article n'est qu'un conseil donné au pays, que c'est ainsi
que ses auteurs ont dû l'entendre, et qu'il ne peut pas être autre
chose. La plus simple réflexion nous fera reconnaître que des législateurs même constituants n'ont jamais eu le pouvoir ni le
droit d'obliger la France à conserver une charte qui la gêne;
que jamais ils n'ont reçu un tel mandat, et que même ils n'ont
jamais pu le recevoir; car la nation, qui ne peut se lier elle-même,
n'a pas pu déléguer à ses mandataires un pouvoir qu'elle n'a
pas. Nous verrons, pièces en main, que l'opinion que je défends
est confirmée par toute la tradition révolutionnaire, et que j'ai
pour moi l'autorité de la Constituante, de la Législative et de
la Convention. C'est au nom des principes républicains que je
parle; c'est la tradition républicaine que j'invoque; c'en est
assez pour que vous m'accordiez quelques moments.

Voyons d'abord les principes. Je prétends qu'il est impossible de voir dans l'article 111 autre chose qu'un conseil, car
autrement, ce serait une usurpation flagrante de la souveraineté; et, dans ce cas, il est évident que l'article serait nul, et
ne pourrait lier ni l'Assemblée, ni la nation.

Ici, dès le début, je rencontre une imposante autorité,
celle de M. Dupin, un des principaux rédacteurs de la Constitution, et qui doit en connaître l'esprit mieux que personne.
Voici ce que le président de l'Assemblée écrivait en janvier
1849, dans son commentaire sur la Constitution, en note à

l'article 111, article dont il a défendu la rédaction à la tribune [1].

« QUESTION. Une Assemblée pourrait-elle, au lieu de proposer
« quelques articles à la révision d'une autre Assemblée, pro-
« poser directement cette révision à la sanction du peuple
« *souverain* (art. 1er de la Constitution), du peuple *de qui tous*
« *les pouvoirs émanent* (art. 18), et dont l'Assemblée nationale
« elle-même n'est qu'une *délégation* (art. 20)?

« Si cela arrivait, qui pourrait s'en plaindre, puisque le
« peuple entier serait appelé à prononcer dans les comices du
« suffrage universel? »

Vous voyez si M. Dupin croit l'Assemblée et la France liées
par l'article 111, ou si cet article qu'il a soutenu est pour lui
autre chose qu'un simple conseil. Les formes prescrites n'ont à
ses yeux qu'une valeur de circonstance, et M. Dupin a cent fois
raison. Sans doute, il est bon de ne pas toucher légèrement
aux Constitutions, et je ne conteste pas le mérite secondaire de
ces dispositions restrictives, quoique l'histoire atteste leur peu
d'utilité; mais évidemment le respect qu'on leur doit est subordonné à l'intérêt général, et, dans une République, nul législateur ne peut prétendre qu'on s'arrête à sa voix, quand c'est la
représentation nationale qui interroge, et la souveraineté du
peuple qui répond.

Pour nous assurer que l'article 111 n'a d'autre valeur que
celle d'un conseil, remontons aux principes, puis, après, nous
verrons ce que dit l'histoire. Nous confirmerons la théorie par
la tradition.

Qu'est-ce qu'une Constitution? quel est le mandat et le pouvoir des constituants? Cette dernière question, dont l'Amérique a si bien senti la gravité, nous n'y avons jamais réfléchi.

---

[1] *Constitution de la République française*, accompagnée de notes sommaires, explication du texte, etc. Paris, Videcoq. 1848, page 11.

et cette négligence a causé plus d'une erreur funeste dans la
Révolution. On dirait que, pour le plus grand nombre, les constituants sont la nation même, et non pas ses mandataires ;
qu'ils ont, par conséquent, un droit illimité, indéfini, comme
la puissance qui les nomme. C'est là un principe faux, qui a
légitimé les usurpations de nos Assemblées révolutionnaires.
Mais sa fausseté n'a jamais mieux paru que dans l'article 111,
si cet article renferme un ordre ; car il en résulterait qu'en vertu
de leur mandat, les représentants de la France ont pu la lier
malgré elle, et lui imposer une volonté qui n'est pas la sienne ;
en deux mots, que les mandataires sont le véritable souverain,
et que le mandant doit obéir. Ainsi entendu, ce n'est pas seulement une absurdité que renferme l'article, mais un attentat
énorme contre cette souveraineté du peuple que nous reconnaissons tous comme le principe fondamental et supérieur du
gouvernement et des lois.

Qu'est-ce donc qu'une Constitution ? Ce n'est point une loi
qui assujettisse et lie la nation malgré elle (il n'y a point de loi
qui ait une telle autorité, à moins qu'elle ne soit imposée par un
conquérant) ; c'est la loi qui dispose et organise le gouvernement ; c'est la règle suprême des pouvoirs publics ; rien de plus,
rien de moins.

Ainsi, par exemple, la Constitution déclare qu'il n'y aura
qu'une Chambre ; une loi ordinaire ne peut en établir deux. La
Constitution décide que le président sera élu par le suffrage
universel, et ne sera point rééligible ; l'Assemblée ne peut nommer le président, ou prolonger ses pouvoirs, sans violer la Constitution.

Comme cette organisation des pouvoirs publics est une grosse
affaire, que les institutions ont une influence considérable sur la
prospérité nationale, on ne veut pas que, sans un mandat exprès, les législateurs touchent à ce grand ressort de l'État, qu'on

nomme la Constitution. On interdit, et avec raison, ce pouvoir aux Assemblées ordinaires, pour éviter des usurpations possibles et des agitations certaines. Et quand il est nécessaire de toucher à la loi suprême, le peuple, suffisamment averti, donne un mandat spécial à une Assemblée constituante, à une Convention, chargée expressément, et à l'exclusion de tout autre corps, de reviser la Constitution.

Telle est la théorie universellement admise en Amérique, et que nous avons empruntée aux Etats-Unis, en y laissant malheureusement ce véritable esprit républicain qui a horreur des mandats illimités, parce qu'ils contiennent toujours un germe d'usurpation.

Maintenant, quel est le mandat qu'ont reçu les constituants, mandat qui est le fondement et la limite de leur droit?

C'est de faire une Constitution, autrement dit, d'organiser, au nom du peuple, la forme du gouvernement, forme que personne ne pourra changer, sinon de l'ordre exprès de la nation qui l'a fait établir. C'est de déterminer les pouvoirs publics, en d'autres termes, d'assigner au magistrat exécutif aussi bien qu'au corps législatif les fonctions et les droits qui leur appartiennent; c'est de tracer à chacun d'eux le cercle qu'ils ne peuvent franchir. Jusque-là, nulle difficulté.

Mais ces constituants, ces mandataires, qui ont reçu mission d'organiser un gouvernement, de régler les pouvoirs publics, ont-ils en même temps le droit d'attacher la nation à cette forme de gouvernement; de la condamner à vivre indéfiniment, ou pour un temps donné, sous le régime qu'ils ont imaginé?

En aucune façon. D'où leur viendrait cette autorité souveraine, ce droit supérieur au droit éternel de la nation, ce pouvoir exorbitant, en vertu duquel les délégués obligeraient le peuple, et non pas même envers un tiers, mais envers soi-même? D'un mandat exprès? D'un mandat tacite?

Un mandat exprès ? Nos constituants ne l'ont jamais reçu. Pas plus en 1848 qu'en 1791 ou en 1793 on n'a imaginé que des députés eussent le droit d'enchaîner le pays qui les a nommés, au risque d'étouffer son activité et sa vie. Tout au contraire, les auteurs de la nouvelle Constitution, *fidèles aux traditions des grandes Assemblées qui ont inauguré la Révolution française* (hélas ! on ne s'en aperçoit que trop dans leur œuvre !), proclament solennellement et dès le début : *que la souveraineté réside dans l'universalité des citoyens français, qu'elle est inaliénable et imprescriptible, qu'aucun individu, aucune fraction du peuple ne peut s'en attribuer l'exercice* [1].

C'est bien la véritable doctrine républicaine, et j'accepte cette déclaration ; mais si l'article 111 est un ordre, comment le concilier avec cette grande maxime qui inaugure la Constitution ? Car enfin, si la souveraineté du peuple est inaliénable, on ne peut la soumettre au mauvais vouloir d'une imperceptible minorité, et si elle est imprescriptible, on ne peut la suspendre pour trois ans ? Le terme, fût-il d'un jour, est une usurpation ; un droit imprescriptible, inaliénable, ne comporte pas de limites ; y toucher c'est le violer. Sortez-vous des principes, admettez-vous qu'on peut, dans l'intérêt général, suspendre légalement la souveraineté pour trois ans ; pourquoi pas alors pendant six ou dix ans, pourquoi pas pendant vingt, trente, cinquante années, un siècle tout entier ? Dès qu'on est hors de la vérité, on ne s'arrête plus qu'à l'absurde.

Quelle est la définition de la souveraineté ? Le commandement suprême. Quel est le véritable souverain ? Celui dont la volonté fait la loi. Mais alors si l'article 111 commande, il faut rayer l'article 1er ; ce n'est pas le peuple qui règne en France, c'est la volonté d'une Assemblée qui n'existe plus. Si, au contraire, la souveraineté du peuple est la base de notre gouvernement, l'ar-

---

[1] Constitution de 1848, art. 1.

ticle 111 est un simple avis, ou n'a pas de sens. S'il viole les
droits inaliénables et imprescriptibles de la nation, il est nul, car
(j'emprunte cette réflexion au commentaire de M. Dupin, sur
l'article 1er, au mot *imprescriptible*) « Il y a toujours à revenir
« contre toutes les usurpations : *Præscriptio temporis juri pu-*
« *blico non debet obsistere.* C'est ce que dit la loi 6 au Code *De*
« *operib. public.* »; j'ajoute : c'est ce que de tout temps a dit
le bon sens.

S'il eût été insensé de donner à nos délégués mandat exprès de nous assujettir, à plus forte raison ne peut-on pas
supposer de mandat tacite. Est-ce qu'un peuple peut se lier
ainsi, quand même il le voudrait ? Est-ce qu'on s'oblige soi-
même envers soi-même ? Et comment, et pourquoi le peuple
s'assujettirait-il à une forme politique, pour trois ans, pour dix
ans, pour toujours ? Dans quel but ? Est-ce que sa vie tient à
une forme de gouvernement plutôt qu'à une autre? est-ce qu'il
n'existe pas avant comme après la Constitution? est-ce qu'il n'est
pas l'origine et la cause de toutes les lois ? D'ailleurs, comment
se lier ! Sa volonté est toujours légale, ou, pour mieux dire, sa
volonté c'est la loi même. Sa volonté d'aujourd'hui, c'est la
loi d'aujourd'hui, sa volonté de demain sera la loi de demain.
Déclarer qu'il cessera de vouloir pendant un temps donné,
c'est un vœu absurde et nul de soi. Quand l'intérêt seul de la
nation est en jeu, quand elle n'a d'obligation envers personne,
lui interdire de chercher son plus grand bien, la condamner à
souffrir stérilement, c'est de la folie, c'est de la niaiserie métaphysique ou constitutionnelle, et rien de plus.

J'insiste sur ce point délicat, car c'est le nœud de la question. D'ailleurs, il ne faut pas craindre de creuser une idée
quand elle est juste, et qu'au bout peut-être il y a le salut
de la France. Une nation, comme réunion d'hommes, comme
portion de l'humanité, est soumise à cette loi naturelle, à ces

principes d'éternelle justice que Dieu a gravés dans tous les cœurs. En ce sens, il est vrai de dire que la souveraineté du peuple n'est pas absolue, et qu'il est des lois antérieures et supérieures devant lesquelles elle doit s'incliner. Le salut public parût-il attaché à la mort d'un innocent, il n'est pas permis d'en faire une victime ; car je n'ai pas le droit de tuer mon semblable dans mon intérêt, et, fussions-nous un million, d'un intérêt on ne peut faire sortir un droit. C'est là un principe sacré, mais vous voyez dans quelle sphère supérieure il règne. Les constitutions peuvent le reconnaître ; mais, assurément, ce qui nous lie c'est une autre autorité que la leur.

Prenons maintenant la nation, non plus comme une réunion d'hommes soumis aux lois générales qui régissent l'humanité, mais comme un corps politique qui règle à son gré les conditions de son gouvernement. Evidemment les principes supérieurs dont nous parlions tout à l'heure n'ont rien à faire avec ces formes politiques, qui varient à l'infini, suivant les besoins de chaque siècle et de chaque contrée. En ce point, la nation est véritablement souveraine, et sa volonté seule fait loi ; son intérêt est sa règle : *salus populi suprema lex esto*, c'est une maxime incontestable quand on l'entend dans son vrai sens, et comme l'entendaient les Romains. Encore une fois, cela ne veut pas dire qu'un peuple peut se mettre au-dessus des lois éternelles de la justice et de la morale, mais simplement que, toutes les lois politiques étant faites pour lui, il n'en est pas une seule qui ne doive céder devant son intérêt.

Vous comprenez maintenant ce que c'est que la souveraineté, et pourquoi elle est véritablement imprescriptible et inaliénable, pourquoi il ne peut pas être permis à des mandataires de la restreindre et de l'amoindrir. C'est qu'à vrai dire, pour une nation, il n'y a point de Constitution, il n'y a point de lois fondamentales, en ce sens que cette Constitution, que ces lois

puissent subsister indépendamment de sa volonté et la dominer. (C'est là l'erreur commune des légitimistes qui maintien-
nent leur principe, et des républicains qui défendront la Constitution à l'encontre de la volonté populaire.) On constitue un
gouvernement, on ne constitue pas une nation. La Constitution, les lois fondamentales sont simplement les règles auxquelles les corps constitués qui existent et agissent par elles ne
peuvent toucher; mais il serait absurde de supposer le pays lié
par les formalités auxquelles il assujettit ses agents. Ces formalités sont faites pour lui; son intérêt est la mesure et la
règle de son droit. Le gouvernement n'est pas la condition de
la vie nationale, il n'est qu'un moyen pour ordonner le bien-être
et la prospérité générale. Forcer la nation à souffrir un gouvernement qui la gêne, c'est sacrifier le but aux moyens, c'est
la condamner à une souffrance stérile et sans objet; c'est lier
sa vie à une œuvre morte. Personne, assurément, n'a le droit
de lui imposer ce supplice de Mézence, et ses mandataires moins
que personne.

Mais, direz-vous, est-ce qu'une Constitution n'est pas un
contrat, un engagement dont il faut supporter les bonnes et les
mauvaises conséquences? Un engagement avec qui? Ne confondez pas une charte par laquelle un peuple traite avec un souverain, qui a tout au moins pour lui la possession de l'autorité,
et une Constitution qu'une nation républicaine se donne à elle-
même. Le peuple de 1848 n'avait ni supérieur de fait, ni puissance extérieure avec laquelle il lui fallait traiter. Il s'est
donné librement une forme de gouvernement, il peut la modifier
sans faire tort à personne, car personne n'avait droit de lui imposer ce régime et personne n'a droit d'exiger qu'il le conserve.

Mais, n'y a-t-il pas au moins un engagement pris par la
majorité envers la minorité? La Constitution n'est-elle pas une
transaction faite entre les partis qui ont déposé les armes

par respect pour la foi jurée?—Je vous demanderai à mon tour quelle est cette nouvelle forme de gouvernement, et depuis quand la France est un composé de peuples divers, qui traitent sur le pied de parfaite indépendance? Le bon sens et la Constitution, d'accord cette fois, nous apprennent que *la souveraineté réside dans l'universalité des citoyens, et qu'aucun individu, aucune fraction du peuple ne peut s'en attribuer l'exercice.* La Constitution n'est pas un traité, elle est l'œuvre des représentants de la nation parlant et agissant en son nom. La majorité n'a pas contracté avec la minorité, elle a imposé sa volonté, parce qu'elle était la majorité, et que partout où des hommes égaux en droit sont réunis, il faut nécessairement se battre ou céder au nombre. Rien de plus clair, et, au fond, rien de plus juste que ce principe de la pluralité, sans lequel un libre gouvernement n'est pas possible. Nous sommes les plus nombreux, probablement les plus éclairés, certainement les plus forts ; la présomption est que nous avons raison ; l'intérêt de la société, votre intérêt propre, exige que vous cédiez ; résignez-vous. Mais ce principe, remarquez-le bien, n'est juste que parce qu'il est absolu, parce qu'il s'appliquera demain comme aujourd'hui, parce qu'il protége également tous les partis. Vous avez le nombre, la présomption est pour vous ; mais demain nos opinions, que nous jugeons préférables, triompheront peut-être ; nous serons à notre tour la majorité, et nous comptons sur votre obéissance. En d'autres termes, c'est la raison et la justice présumées qui commandent, prêtes à céder devant une raison et une justice supérieures.

Si l'article 111 est autre chose qu'un avis, dites-moi maintenant ce que la Constitution a fait de ce principe fondamental de notre gouvernement et de notre société. Le règne de la majorité, autrement dit le règne de la souveraineté populaire, est empêché par une subtilité métaphysique. Ce n'est plus le peuple qui est maître du gouvernement, c'est un être de raison. C'est la majorité de 1848 qui n'existe plus, qui est dissoute et qui cependant commande à la majorité de 1851. Ou, si vous l'aimez mieux, c'est la minorité d'aujourd'hui qui a été la majorité d'hier, et qui ne veut pas qu'on touche à ce qu'elle a fait. En vertu de quel droit la minorité peut-elle imposer sa volonté dans un gouvernement dont le principe reconnu est la souveraineté du peuple, c'est-à-dire le vœu de la pluralité? D'où lui peut venir ce pouvoir exorbitant? C'est ce qu'il m'est impossible d'imaginer.

Objectera-t-on que tout au moins les représentants, en acceptant leur nomination, se sont obligés à respecter la Constitution et qu'ils ne peuvent, par conséquent y toucher? Si l'article 111 est un simple conseil, l'objection tombe; s'il est autre chose, je crois aisé de démontrer que les représentants ne sont pas liés davantage. Pourquoi? C'est que la nation dont ils sont les mandataires ne s'est point engagée; on n'a pas osé la consulter. L'eût-on fait, d'ailleurs, l'engagement serait nul, car la nation d'aujourd'hui, cette nation dont la souveraineté est imprescriptible, et qui a toujours droit de parler, n'est pas la nation de 1848; non-seulement ses éléments ont varié, mais les événements et l'expérience ont modifié ses besoins, ses désirs, sa volonté. Or, ce peuple souverain qui tient son droit de lui-même et non point d'une succession, ce peuple toujours maître de changer la forme de son gouvernement, comment peut-il agir, sinon quand on le consulte régulièrement, sinon quand ses représentants s'adressent à lui? Faut-il qu'il fasse une révolution pour qu'on l'écoute? Si vous dites que non, reconnaissez donc que le recours au pays est un droit inaliénable, qu'on n'a jamais pu interdire à nos mandataires, et auquel ils n'ont jamais pu renoncer.

« Ainsi donc, vous voulez un gouvernement qu'on peut changer tous les jours? » Mon ami, on ne convoque pas tous les jours une Assemblée de révision; il faut pour cela que le pays exprime son désir et impose sa volonté. Mais dès qu'il parle, il faut l'écouter, et personne n'a droit de mettre sa prétendue sagesse au-dessus du vœu national.

Ne vous effrayez pas de ma franchise, et avant de prononcer, relisez dans notre cher Montaigne le chapitre de la Coutume, cette *violente et traîtresse maîtresse d'école*, cette *force qui hébète nos sens. Qui voudra se défaire de ce violent préjudice de la coustume*, dit le sage, *il trouvera plusieurs choses reçues d'une résolution indubitable, qui n'ont appui qu'en la barbe chenue et rides de l'usage qui les accompaigne; mais ce masque arraché, rapportant les choses à la vérité et à la raison, il sentira son jugement comme tout bouleversé, et remis pourtant en bien plus sûr état*[1]. L'éternité des lois, l'immobilité des Constitutions, c'est quelque chose comme la quadrature du cercle, c'est-à-dire la chimère favorite des ignorants et des esprits faux. Changer est la condition de la vie; c'est parce que notre corps et notre esprit se modifient insensiblement, que nous n'avons pas de ces crises violentes qui nous emporteraient. L'existence de ces grandes collections d'hommes qu'on appelle nations, est de même nature que celle des individus. C'est en modifiant peu à peu leurs institutions, en accommodant leur règle de vie à des besoins nouveaux, que les peuples évitent ces terribles maladies nommées révolutions. Le système que nous suivons depuis soixante ans est assez désastreux pour que depuis longtemps la lumière soit faite en ce point, et c'est bien la faute de notre amour-propre si nous ne voulons pas y voir.

Quel est notre grand arcane politique depuis 1789? Le lendemain d'une révolution nous créons une Charte qui donne satisfaction au passé, mais qui barre le présent, et ferme l'avenir. Le résultat, toujours le même, c'est que peu à peu la nation se sent gênée dans son développement; les souffrances s'accrois-

---

[1] Montaigne, *Essais*, liv. I, chap. xxiii.

sent, les mécontentements grandissent, le flot grossit, monte et emporte l'obstacle. Il en eût été autrement si on eût amélioré, corrigé peu à peu, suivant les besoins de chaque heure. Souvent même la seule facilité du remède en eût empêché l'usage. Voyez nos lois civiles ! Depuis bientôt un demi-siècle le Code civil n'a subi que des modifications insignifiantes, et cependant rien n'oblige à le respecter; on y peut toucher à chaque instant. Pourquoi n'en serait-il pas de même d'une Constitution? Pourquoi le gouvernement le plus durable ne serait-il pas celui qu'on peut modifier sans secousse, et pour ainsi dire insensiblement? Est-ce qu'on ne peut épargner au pays ces convulsions violentes auxquelles nous condamnent toutes ces révisions à époque fixe? Prenez l'exemple de l'Angleterre. La Constitution n'y est pas écrite; c'est le pouvoir législatif qui l'interprète, en d'autres termes, qui la fait tous les jours. Où a-t-on vu un développement plus régulier, la paix publique mieux assurée, la liberté civile et politique plus solidement garantie? Aux Etats-Unis a-t-on imaginé de fixer une date avant laquelle on ne toucherait pas à la Constitution fédérale? Non, et cependant elle dure depuis 1789; elle a survécu et probablement elle survivra à plus d'un monument que nous avons proclamé immortel. Il est vrai qu'avec un grand sens, ses fondateurs l'ont contenue dans ses justes limites; ils se sont contentés de fixer les pouvoirs, chose de soi peu variable, laissant, du reste, aux nouvelles générations toute liberté de mouvement. Sage exemple perdu pour nos constituants, qui voulaient tout mettre dans leur œuvre, sans s'apercevoir qu'ils pétrifiaient la société [1] !

« Mais ne doit-on pas craindre d'ébranler le gouvernement « par ces discussions qui le remettent sans cesse en ques-« tion?» — Non, mon ami; tout au contraire, et vous com-

[1] J'ai relevé ce défaut dans l'appendice de mes *Considérations sur la Constitution*, page 185 et suiv.

prenez mal ce qu'est une république. Vous la confondez avec
la monarchie, régime honorable et qui certes a ses avantages,
mais qui est fondé sur un principe difficile à défendre dans
nos temps modernes : l'hérédité de la fonction. La polémique
est dangereuse dans la monarchie, car c'est la clef de voûte
qu'on attaque, et le sophisme a beau jeu ; mais il en est autrement dans une république, où l'on peut varier la distribution des
pouvoirs publics, sans que la société en soit ébranlée. La république n'est pas un gouvernement de droit divin. C'est une
institution fondée sur la raison et non sur la foi ; la discussion et l'examen font sa force, car c'est sur la justice et l'u-
tilité générale qu'elle s'appuie. L'étudier, la débattre, c'est
en raviver les principes, c'est la populariser, c'est la fortifier. Voyez, au reste, ce qui se passe aujourd'hui dans la Chambre, avec la liberté d'initiative. Si quelque chose peut développer en France et faire pénétrer dans toutes les classes le goût
et la science de la liberté, ce sont ces éternelles attaques, fort
ennuyeuses pour ceux qui les écoutent, fort instructives pour
ceux qui les lisent. Rien ne prouve mieux combien le gouvernement constitutionnel nous avait mis dans le vrai chemin de
la démocratie. On a repris toutes nos lois les unes après les
autres, en connaissez-vous beaucoup qui soient tombées ? Combien, au contraire, ont été rajeunies par la discussion et débar-
rassées de ce nuage de préjugés qui les obscurcissent ! L'examen,
la discussion, c'est la vie de notre temps. Est-ce donc un régime
qu'un esprit noble et sérieux ne puisse avouer ?

J'ai réuni toutes les raisons qui, selon moi, prouvent que
l'article 111 ne peut paralyser le droit de la nation, ni par
conséquent empêcher nos représentants de la consulter. On
dit cependant que l'opposition à la réforme pourra bien venir
du parti qui se dit républicain par excellence, et qui pousse
jusqu'à l'idolâtrie le culte de la Constitution. Ce serait sacri-

lier à la lettre le véritable esprit de la loi, et, au nom d'une prétendue légalité, commettre un crime de lèse-nation.

Du reste, lorsqu'on aura commencé par reconnaître que le peuple a le droit incontestable de modifier et même d'abolir la Constitution quand et comme il lui plaît, lorsqu'on aura proclamé que sa volonté (qui ne peut s'exprimer que par l'organe de la majorité) domine toutes les volontés particulières, ce ne sera pas chose facile que de démontrer comment une minorité a le droit de tenir la majorité en échec, et comment la Constitution domine la souveraineté nationale qui n'a jamais abdiqué. On peut aller loin avec cette souveraineté métaphysique de la Constitution ; car enfin, si l'opinion de la France se prononce ouvertement contre la minorité de la Chambre, il faudra nous prouver que cent vingt-six voix sont le pays légal, devant lequel trente-six millions de citoyens doivent s'incliner et se taire. Et ce n'est pas tout ; pourquoi s'arrêter en si bon chemin ? Supposez que demain la France entière, effrayée d'une nouvelle Convention, veuille modifier sa charte immédiatement, et par des formes moins redoutables ; supposez que tous les anciens constituants, sans exception, que tous les représentants d'aujourd'hui s'unissent pour reconnaître la nécessité d'une mesure nouvelle ; comme on ne peut toucher à l'arche sainte que suivant le mode et dans les délais fixés, il faudra que, sous peine de violer la Constitution, la France se soumette à des maux prévus et faciles à éviter, par respect pour quatre lignes écrites il y a trois ans par des gens qui n'y ont pas grandement réfléchi. Cela est absurde, vous écrierez-vous ? Mais, dès que vous abandonnez le principe de la pluralité, montrez-moi donc où le droit et la raison commencent et à quel chiffre la minorité devient souveraine, et commande légitimement à la majorité ?

Tout absurde que paraisse un tel système, soyez sûr cependant qu'il ne manquera pas de défenseurs. En France, pays de logique plus que de sapience, nos politiques ne s'effrayent pas de si peu; c'est chez nous qu'on a imaginé que la forme emporte le fond, et ce n'est pas seulement en médecine que nous sommes de l'avis de M. Desfonandrès qu'*il faut toujours garder les formalités, quoi qu'il puisse arriver. Un homme mort n'est qu'un homme mort et ne fait point de conséquence, mais une formalité négligée porte un notable préjudice à tout le corps des médecins.* Qu'est-ce que la souffrance générale, l'interruption du travail et l'inquiétude universelle? Qu'est-ce que la souveraineté même du peuple, auprès de la régularité, de l'alignement et de la symétrie constitutionnelle?

Ne croyez pas que je plaisante, quoiqu'en vérité tous moyens soient bons pour renverser ces sophismes, qui seraient si ridicules s'ils n'étaient si dangereux. Le cœur me saigne quand je vois comment avec des mots, qu'on prend pour des idées, on prétend gouverner les hommes ; comment en toute sécurité d'esprit on les mène à l'abîme. Allons au fond des choses. Qu'est-ce que la Constitution? C'est la volonté de la nation et rien de plus. Une fois cette volonté formulée, la mission des représentants est achevée. Il ne reste plus rien de leur mandat expiré. Qui peut demander et faire la révision? C'est encore la volonté de la nation, et comme je crois qu'il n'y a qu'une nation française, il me semble qu'entre deux volontés différentes, c'est la dernière qui doit l'emporter. Il n'y a pas de subtilité qui vaille en ce point. Si la Constitution n'est pas la volonté du peuple, c'est un papier mort. Si c'est sa volonté, il peut la changer. Cependant, attendez-vous à voir jouer en grand la scène d'Amphitryon ; la Constitution sera Mercure, et la nation le pauvre et vrai Sosie ; on lui prouvera que le moi qui l'a liée n'est plus le moi qui peut la délier, que le moi qui a voulu n'est plus le moi qui peut vouloir ; et que s'étant battue et blessée de ses propres mains, de ses propres mains elle n'a pas le droit de se panser et de se guérir.

On dit qu'à Fribourg la majorité des citoyens, terrifiée par une invasion, forcée d'accepter la loi d'une minorité que soutenaient des troupes étrangères au canton, lutte en vain aujourd'hui pour réformer une Constitution que la violence a établie. Seize mille voix sur dix-huit réclament une réforme qu'on leur refuse constitutionnellement. Rien n'est plus misérable, rien n'est plus injuste que cette tyrannie d'une minorité qui, maîtresse d'un pays par surprise, prétend s'imposer éternellement. Donnerons-nous un spectacle semblable? ne saurons-nous jamais user de nos droits? Pourquoi ne pas nous servir, au profit de la France, du régime nouveau que la Révolution nous a donné? Dans un gouvernement où la nation est souveraine, n'y aura-t-il jamais d'écouté que la voix de la minorité?

La volonté du peuple, je le répète et ne me lasserai pas de le répéter, c'est la loi suprême, celle qui domine toutes les autres, même la Constitution. Sur ce terrain, le droit de révision est inattaquable, et c'est de là que doit venir le salut. La République est un admirable gouvernement quand c'est la volonté générale qui se fait entendre ; c'est un instrument d'oppression le jour où l'on souffre la domination des minorités. En vain veulent-elles se réfugier dans la Constitution, le principe est absolu et ne souffre pas d'exception. La République est perdue dès que la majorité n'y fait plus la loi ; si elle n'est pas le gouvernement de tous, elle n'est qu'une des plus mauvaises formes de la tyrannie.

CINQUIÈME LETTRE.

Que la nation a le droit imprescriptible de reviser la Constitution, quand et comme il lui plaît, et que depuis soixante ans on ne lui a jamais contesté ce droit. Opinions de Rousseau et de Meyén.

Je crois, mon ami, vous avoir démontré que la Constitution n'aurait pu entraver la souveraineté du pays, sans violer le principe même qui lui donne la vie ; si mes raisonnements ne vous ont pas persuadé, j'espère que les opinions imposantes et les précédents nombreux que j'ai réunis entraîneront votre conviction. Il n'a pas fallu de longues recherches ; car, en vérité, la tradition est si féconde et les matériaux si nombreux, que je suis comme écrasé par la richesse des preuves, et je crains d'avoir trop raison. On a bien quelquefois essayé de tourner le principe que je défends, mais il est si évident qu'on n'a jamais osé le nier ; peut-être même est-il vrai de dire qu'on ne l'a jamais plus clairement reconnu que dans l'effort même qu'on faisait pour l'éluder. Je ne connais qu'un seul homme qui, parmi nos vicissitudes constitutionnelles, ait eu la franchise de l'opinion contraire, et à ce titre il mérite une certaine immortalité. C'est Philippe Delleville, membre de la Convention, qui, lors des discussions de l'an III, demanda simplement *la peine de mort contre quiconque proposerait de faire des changements à la Constitution.* Cet amendement, dans le goût du temps, n'eut pas de suite (c'est le procès-verbal qui le dit ingénument), mais il avait du bon dans sa crudité. La mort sans phrases, c'est l'unique moyen de supprimer une vérité qui vous accuse, d'étouffer un principe qui vous condamne, de faire taire des besoins trop grands pour que de vaines défenses leur imposent silence, d'écraser un droit qui réclame sans cesse ! La guillotine est un argument qui dispense momentanément d'avoir raison.

Mais la France a eu des publicistes et des députés moins convaincus que Philippe Delleville de l'autorité divine du législateur, et un peu plus respectueux pour le peuple, dont ils se proclamaient les serviteurs et les *commis ;* c'est à ces hommes, dont la plupart ont laissé dans l'histoire un nom considérable, que nous demanderons des principes moins sauvages, plus avoués par la raison, et, il faut le reconnaître, plus conformes à la pensée, à la tradition de la Révolution.

Le premier en date, parmi les publicistes, a précédé de quelque temps la Révolution ; mais ses idées ont eu sur les destins de la France un assez grand empire, pour qu'on ne puisse séparer son nom du mouvement de 1789 : c'est Jean-Jacques Rousseau. L'homme qui faisait sortir la société d'un contrat, devait à plus forte raison fonder le gouvernement sur l'accord de tous les intéressés ; en ce point, il est le précurseur de nos constituants modernes, et il a rendu à la science politique un vrai service. Sa doctrine est fausse et insoutenable quand on l'applique à la société, car la société est un fait naturel ou divin qui ne dépend point de l'homme, et qu'il lui faut au contraire accepter comme une condition de son existence et de son perfectionnement. Mais Rousseau a raison à l'endroit du gouvernement, car, chez nous autres modernes, la distribution des pouvoirs publics, l'organisation et l'administration de l'État, sont l'œuvre libre de notre volonté. Le Contrat social est une chimère, le contrat de gouvernement est une vérité en Amérique, en Belgique, en France, partout où la souveraineté populaire est prise pour base de la Constitution. Seulement, il faut bien s'entendre sur la nature de ce contrat, et Rousseau ne s'y est pas trompé. C'est une obligation de tous les serviteurs publics envers la nation, un engagement pris par les fonctionnaires envers l'Etat; mais c'est un contrat unilatéral et qui n'engage pas le peuple. Il peut toujours, et quand il le veut, changer son gouvernement; car, d'un côté, il ne doit rien à ceux qui le servent que le prix du service rendu, et, de l'autre, il serait absurde de supposer un contrat de la nation avec elle-même, un engagement par lequel elle s'obligerait envers elle-même, et dans son seul intérêt, à ne pas toucher à une Constitution qui n'est faite que pour elle.

Rousseau revient à diverses reprises sur ce point, comme s'il avait prévu dans quels sophismes on devait s'embarrasser après lui.

CONTRAT SOCIAL, liv. I, chap. VIII :

On voit que l'acte d'association renferme un engagement réciproque du public avec les particuliers, et que chaque individu, contractant pour ainsi dire avec lui-même, se trouve engagé sous un double rapport, savoir : comme membre du souverain envers les particuliers, et comme membre de l'Etat envers le souverain. Mais on ne peut appliquer ici la maxime du droit civil, que nul n'est tenu aux engagements pris avec lui-même, car il y a bien de la différence entre s'obliger envers soi, ou envers un tout dont on fait partie.

Il faut remarquer encore que la délibération publique qui peut obliger tous les sujets envers le souverain, à cause des deux différents rapports sous lesquels chacun d'eux est envisagé, ne peut, par la raison contraire, obliger le souverain envers lui-même, et que, par conséquent, *il est contre la nature du corps politique que le souverain s'impose une loi qu'il ne puisse enfreindre. Ne pouvant se considérer que sous un seul et même rapport, il est alors dans le cas d'un particulier contractant envers lui-même :* par où l'on voit qu'il n'y a ni ne peut y avoir nulle espèce de loi fondamentale obligatoire pour le corps du peuple, pas même le contrat social. Ce qui ne signifie pas que ce corps ne puisse fort bien s'engager envers autrui, en ce qui ne déroge point à ce contrat, car, à l'égard de l'étranger, il devient un être simple, un individu

Liv. II, chap. XII :

Les lois qui règlent ce rapport (le rapport du souverain à l'Etat, en d'autres termes, du peuple à son gouvernement) portent le nom de lois politiques, et s'appellent aussi lois fondamentales [1], non sans quelque raison si ces lois sont sages ; car s'il n'y a dans chaque Etat qu'une bonne manière de l'ordonner, le peuple qui l'a trouvée doit s'y tenir ; mais si l'ordre établi est mauvais, pourquoi prendrait-on pour fondamentales des lois qui l'empêchent d'être bon ? D'ailleurs, en tout état de cause, un peuple est toujours le maître de changer ses lois, même les meilleures. Car s'il lui plaît de se faire mal à lui-même, qui est-ce qui a le droit de l'en empêcher ?

Sous une forme paradoxale, Rousseau énonce une vérité profonde et sur laquelle reposent tous les gouvernements libres. Une nation, maîtresse de son administration, veut toujours son plus grand bien. Si elle se trompe, il faut la conseiller, la redresser ; mais, qui a le droit de lui ôter sa liberté ? Qui prendra la responsabilité de la faire souffrir, sous prétexte de la rendre heureuse ? Qui, à moins d'être un Dieu descendu du ciel, peut avoir cette autorité sur ses semblables ? Je ne dis pas qui peut avoir une telle confiance en soi-même, on y verrait peut-être une épigramme contre les constituants... de tout pays.

Après Rousseau, et sans trop de désavantage, il faut citer Sieyès, cet esprit ingénieux, qu'en 1789 on considérait comme un génie politique, l'homme qui, sans autre puissance que sa plume, balançait dans l'Assemblée la grande voix de Mirabeau, celui dont le tribun déclarait que le silence était une *calamité publique*. On sait quel effet magique produisit la fameuse brochure intitulée : *Qu'est-ce que le tiers Etat?* C'est le tocsin qui sonna la Révolution. Dans cet écrit Sieyès était natu-

[1] C'est par ce mot que Rousseau désigne ce que les modernes nomment une Constitution.

rellement appelé à examiner le droit d'une nation à modifier sa constitution, et voici avec quelle fermeté, et quelle logique, il défend ce principe [1].

Il s'agit de savoir ce qu'on doit entendre par la *Constitution* politique d'une société, et de remarquer ses justes rapports avec la *nation* elle-même.

Il est impossible de créer un corps pour une fin sans lui donner une organisation, des formes et des lois propres à lui faire remplir les fonctions auxquelles on a voulu le destiner; c'est ce qu'on appelle la Constitution de ce corps. Il est évident qu'il ne peut exister sans elle; il l'est donc aussi que tout gouvernement commis doit avoir sa constitution; et ce qui est vrai du gouvernement en général, l'est aussi de toutes les parties qui le composent. Ainsi le corps des représentants, à qui est confié le pouvoir législatif ou l'exercice de la volonté commune [2], n'existe qu'avec la manière d'être que la nation a voulu lui donner. Il n'est rien sans ses formes constitutives; il n'agit, il ne se dirige, il ne commande que par elle.

A cette nécessité d'organiser le corps du gouvernement si on veut qu'il existe ou qu'il agisse, il faut ajouter l'intérêt qu'a la nation à ce que le pouvoir public délégué ne puisse jamais devenir nuisible à ses commettants. De là une multitude de précautions politiques qu'on a mêlées à la Constitution, et qui sont autant de règles essentielles au gouvernement, sans lesquelles l'exercice du pouvoir deviendrait illégal.

On sent donc la double nécessité de soumettre le gouvernement à des formes certaines, soit intérieures, soit extérieures, qui garantissent son aptitude à la fin pour laquelle il est établi, et son impuissance à s'en écarter.

... (Mais) il est clair que la Constitution n'est relative qu'au *gouvernement*. Il serait ridicule de supposer la nation liée elle-même par les formalités ou par la Constitution auxquelles elle a assujetti ses mandataires. S'il lui avait fallu attendre pour devenir une nation, une manière d'être *positive*, elle n'aurait jamais été. La nation se forme par le seul

---

[1] *Qu'est-ce que le tiers État?* édition de 1822, Paris, Corréard, page 158.

[2] Remarquez cette expression, qui limite, qui définit si justement le pouvoir législatif: *l'exercice de la volonté commune*; et quand cette volonté commune change, qu'est-ce donc que cette autre volonté qu'on veut faire dominer?

droit *naturel*, le gouvernement au contraire ne peut appartenir qu'au *droit positif*. La nation est tout ce qu'elle peut être par cela seul qu'elle est, il ne dépend point de sa volonté de s'attribuer plus ou moins de droits qu'elle n'en a.

... Le gouvernement n'exerce un pouvoir réel qu'autant qu'il est constitutionnel, il n'est légal qu'autant qu'il est fidèle aux lois qui lui ont été imposées. La volonté nationale, au contraire, n'a besoin que de sa réalité pour être toujours légale; elle est l'origine de toute légalité.

Non-seulement la nation n'est pas soumise à une Constitution, mais elle ne *peut* pas l'être, mais elle ne *doit* pas l'être, ce qui équivaut encore à dire qu'elle ne l'est pas.

Elle ne *peut* pas l'être; de qui, en effet, aurait-elle pu recevoir une forme positive? Est-il une autorité antérieure qui ait pu dire à une multitude d'individus : « Je vous réunis sous telles lois; vous formerez une nation aux conditions que je vous prescris? » Nous ne parlons pas ici brigandage ni domination, mais association légitime, c'est-à-dire volontaire et libre.

Dira-t-on qu'une nation peut, par un premier acte de sa volonté, à la vérité indépendante de toute forme, s'engager à ne plus vouloir à l'avenir que d'une manière déterminée? D'abord une nation ne peut ni s'aliéner, ni s'interdire le droit de vouloir; et quelle que soit sa volonté, elle ne peut pas perdre le droit de la changer dès que son intérêt l'exige. En second lieu, envers qui cette nation se serait-elle engagée? Je conçois comment elle peut *obliger* ses membres, ses mandataires, et tout ce qui lui appartient; mais peut-elle en aucun sens s'imposer des devoirs envers elle-même? Qu'est-ce qu'un contrat avec soi-même? Les deux termes étant la même volonté, on voit qu'elle peut toujours se dégager du prétendu engagement.

Quand elle le pourrait, une nation ne doit pas se mettre dans les entraves d'une forme positive, ce serait s'exposer à perdre sa liberté sans retour, car il ne faudrait qu'un moment de succès à la tyrannie pour dévouer les peuples, sous prétexte de Constitution, à une *forme* telle qu'il ne leur serait plus possible d'exprimer librement leur volonté, et par conséquent de secouer les chaînes du despotisme. On doit concevoir les nations sur la terre comme des individus hors du lien social, ou, comme on l'a dit, dans l'état de nature. L'exercice de leur volonté est libre et indépendant de toutes formes civiles. N'existant que dans l'ordre naturel, leur volonté, pour sortir tout son effet, n'a besoin que de porter les caractères *naturels* d'une volonté. De quelque manière qu'une nation veuille, il suffit qu'elle veuille ; toutes les formes sont bonnes, et sa volonté est toujours la loi suprême.

... Ne craignons pas de le répéter : une nation est indépendante de toute forme, et de quelque manière qu'elle veuille, il suffit que sa volonté paraisse pour que tout droit positif cède devant elle, comme devant la source et le maître même de tout droit positif.

Mais il est une preuve encore plus pressante de la vérité de nos principes, qui pourraient cependant se passer de nouvelles preuves.

Une nation ne doit ni ne peut s'astreindre à des formes constitutionnelles ; car, au premier différend qui s'élèvera entre les parties de cette Constitution, que deviendrait la nation ainsi disposée ou ordonnée de façon à ne pouvoir agir que suivant la Constitution disputée ? Faisons attention combien il est essentiel, dans l'ordre civil, que les citoyens trouvent dans une branche du pouvoir actif une autorité prompte à terminer leurs procès. De même les diverses parties du pouvoir actif doivent avoir, chez un peuple libre, la liberté d'invoquer la décision de la législature dans toutes les difficultés imprévues. Mais si votre législature elle-même, si les différentes parties de cette première Constitution ne s'accordent pas entre elles, qui sera le juge suprême ? car il en faut toujours un, ou bien l'anarchie succède à l'ordre.

Je n'ajoute rien à ces paroles qui semblent écrites d'hier. C'est le caractère et le privilége de la vérité de ne point vieillir ; tout au contraire, elle emprunte au temps et à l'expérience une gravité qu'elle n'avait pas à l'origine, et peut-être en 1789, les paroles de Sieyès avaient-elles moins d'autorité et d'à-propos qu'aujourd'hui.

SIXIÈME LETTRE

Tradition révolutionnaire : 1° le droit de révision devant l'Assemblée constituante.

Les principes de Sieyès devaient être ceux de la Constituante. Ce n'est pas d'une Assemblée née d'une révolution, et qui aimait la souveraineté du peuple de toute la ferveur d'un premier amour, qu'on devait craindre un attentat aux droits éternels qu'elle-même avait proclamés. Mais l'Assemblée était dans une situation délicate au mois d'août 1791, quand elle discuta le droit de révision. La Constitution qu'elle achevait, c'était à ses yeux toute la Révolution ; elle voulait donc abriter l'arche sainte contre les attaques du parti monarchique qui redemandait le passé, et contre les efforts du parti républicain qui déjà menaçait l'avenir. Il fallait éluder les principes, tout en les avouant ; reconnaître à la nation le droit imprescriptible et inaliénable de disposer d'elle-même, et cependant la lier au moins pour quelque temps. Toute la discussion, et la décision même, portent l'empreinte de cette double préoccupation. Les débats furent longs et compliqués, il faut quelque attention pour les suivre ; mais, comme la mesure adoptée par les législateurs de 1791 a été imitée et reproduite par les Constitutions de l'an III et de 1848, il est bon de savoir ce qu'a voulu la Constituante et quel est le vrai sens de cet article, qu'on a copié sans réflexion. Je vous demande donc d'avoir quelque patience. L'opinion que les principaux hommes d'État, les premiers jurisconsultes de cette époque se faisaient du droit de révision, ne peut nous être indifférente, et vous verrez que notre article 111, est une énigme dont le *Moniteur* de 1791, peut seul donner la clef.

Voici comment, au début, s'exprima Chapelier [1] :

Vos Comités de Constitution et de révision vous apportent le complément de vos travaux. C'est le résultat des opinions qu'ils ont recueillies dans cette Assemblée, et de quelques esprits sensés qui les ont éclairés. Toutes les idées sont fixées sur ces principes : *la nation a le droit de réformer sa Constitution ; toute Constitution sage doit renfermer les moyens d'arriver à la perfection.*

Divers partis se présentent contre lesquels on fait des objections plus ou moins graves.

Y aura-t-il une Convention générale à une époque fixe, qui sera investie de toute la puissance nationale et qui pourra changer toute la forme du gouvernement ?

Y aura-t-il une Convention périodique, à laquelle on prescrira des formes pour l'ordre de ses travaux ?

Enfin, y aura-t-il une époque fixe à laquelle une Assemblée de révision s'assemblera sur les demandes combinées des citoyens, du Corps législatif et du roi ?

Quant à la première proposition, qui est celle d'appeler une Assemblée générale constituante pour réformer le gouvernement, *l'année qui la précéderait, le crédit public serait anéanti, le numéraire se resserrerait, les grands propriétaires prendraient la fuite, en un mot une alarme générale fatiguerait les citoyens ; c'est donc un malheur qu'il faut éviter.*

Quant aux Conventions périodiques, elles sont bonnes dans un État républicain, où il est utile que l'on examine la Constitution pour voir si les factions diverses n'en ont pas déplacé une partie importante ; c'est alors qu'un examen de la Constitution empêche une révolution. Mais en France, où les changements sont toujours désirés avec une espèce d'avidité, où généralement les passions sont vives et les caractères pétulants, une Assemblée constituante périodique serait toujours l'époque d'une révolution.

Le Comité proposait donc une Assemblée de révision qui, ne

[1] Réimpression du *Moniteur*, t. IX, p. 530.

pouvant jamais s'emparer du gouvernement (puisqu'elle ne serait jamais assemblée législative), aurait seulement à examiner si les pouvoirs constitués étaient restés dans les bornes fixées, et à décider si l'on ferait les réformes demandées par les citoyens, le Corps législatif et le roi. Cette Assemblée ne pouvait pas être convoquée avant 1800, les citoyens n'avaient pas le droit de pétitionner avant le 1er janvier 1796, et le roi ainsi que le Corps législatif n'avaient pas le droit de demander des réformes avant le 1er juillet 1795; en d'autres termes, tout en proclamant la nation souveraine, on l'enchaînait pour dix ans.

Le préambule du décret trahit l'embarras du Comité, et la forme n'en vaut pas mieux que le fond. On n'a pas tort plus lourdement et en plus mauvais style.

Considérant que la nation a le droit inaliénable de revoir, de réformer, de changer et le système de ses lois nationales, et l'acte même de son association;

Qu'il est donc nécessaire qu'en même temps que, pour l'utilité de tous, les représentants de la nation exigent en son nom l'obéissance aux lois qu'ils ont décrétées et qu'elle a approuvées, ils indiquent un moyen sûr et prompt de les réformer, et de profiter à cet effet de tous les secours que la nation puisera dans les vertus, les lumières, l'expérience dont ces lois mêmes vont devenir pour elle la source et l'objet;

Qu'il faut seulement que les formes par lesquelles elle fera connaître son opinion soient fixées de manière à ne pas entraîner des erreurs, et à ne pas donner à des mouvements tumultueux, ou à des délibérations irréfléchies le caractère imposant de la volonté nationale, et fixer un délai auquel cette volonté sera examinée, délai qui ne doit être ni assez éloigné pour que la nation souffre de quelques parties vicieuses de son organisation sociale, ni assez rapprochée pour que l'expérience n'ait pas eu le temps de donner ses salutaires leçons, ou que l'esprit de parti, le souvenir des anciens préjugés prennent la place de la raison et de la justice par lesquelles tous les citoyens doivent désormais être guidés;

Considérant enfin que la fixation de ce délai, et la détermination de formes rassurantes pour la volonté nationale doivent, en portant toutes les idées vers l'utilité commune et le perfectionnement de l'organisation sociale, avoir l'heureux effet de calmer les agitations de l'époque présente, et de ramener insensiblement les esprits à la recherche paisible du bien public ;

Décrète ce qui suit, etc.

Malouet, esprit des plus sages et des plus modérés, prit le premier la parole, et n'eut pas de peine à prouver que fixer une époque de révision pour une Constitution qu'on n'avait pas encore essayée, c'était une tentative chimérique et absurde.

Fixer une époque éloignée pour la réforme d'une Constitution, c'est supposer que pendant l'intervalle de temps qui s'écoulera jusqu'à cette époque, il ne s'y développera aucun vice essentiel qui en altérera la solidité. Si à cette supposition on substituait celle de grands inconvénients constatés, de vices essentiels reconnus, il serait absurde de dire qu'il faut attendre vingt-cinq ans de désordre et d'anarchie pour y remédier [1]... Vous voulez des Conventions nationales, c'est-à-dire des révolutions périodiques, des commotions éternelles; car dans l'intervalle de ces Conventions, que ferons-nous des vices et des désordres naissant d'une loi constitutive? Est-ce la patience ou l'insurrection qu'on nous conseille, après nous avoir commandé tour à tour l'obéissance passive et la résistance à l'oppression?

Malouet demanda que la Constitution fût avant tout soumise à l'acceptation de la nation, et cette demande est remarquable partant d'un homme qui voulait franchement la monarchie constitutionnelle.

Pétion défendit le système des Conventions à époque fixe. C'était, suivant une spirituelle expression de M. Dandré, donner au corps politique une fièvre périodique; l'Assemblée rejeta ce système. M. Dandré, tout en reconnaissant le droit su-

---

[1] Le temps ne fait rien en pareil cas: car, au bout d'un an, de six mois, il peut se révéler des maux assez grands pour que la Constitution devienne insupportable. Il n'est pas besoin de sortir de France pour se convaincre de cette vérité.

périeur de la nation [1], proposa alors qu'on ne pût toucher à la Constitution avant trente ans. C'était en 1821 seulement qu'on aurait pu modifier la Constitution de 1791 ! Quoi de plus éloquent que ces deux chiffres pour démontrer la vanité de tous ces systèmes qui veulent immobiliser la société, comme si on arrêtait la vie !

L'Assemblée accueillit avec faveur la proposition de M. Dandré, malgré l'observation juste et fine de M. La Rochefoucauld, qu'avant de décider qu'on ne toucherait pas de trente ans à la Constitution, il serait bon d'examiner s'il n'y aurait pas moyen d'avoir des Assemblées de révision au moment où on les jugerait nécessaires.

M. Regnault de Saint-Jean d'Angely demanda la question préalable sur toutes les propositions de révision, parce que, dit-il, tout le monde convient que *nous projetons une loi inutile, et que nous portons atteinte à la souveraineté nationale.*

M. La Fayette appuya cette proposition :

J'ai demandé, dit-il [2], la question préalable sur la motion de M. Dandré, et voici mes motifs : Je pense que la même Assemblée qui a reconnu la souveraineté du peuple français, qui a reconnu le droit qu'il avait de se donner un gouvernement, ne peut méconnaître le droit qu'il a de le modifier ; je pense que toute bonne Constitution doit, comme

[1] Voyez *Moniteur*, t. IX, page 542. « M. Rewbell dit que la nation peut se re- « constituer quand bon lui semblera ; je professe ce principe comme le préopi- « nant. — Page 543. Que vous établissiez le terme à dix, à vingt ou à trente ans, « il n'en sera ni plus ni moins pour la nation : elle conservera ce droit, qui est « indépendant d'un corps politique. — Page 554. Nous n'avons pas besoin de « donner à la nation des moyens de faire un changement total de la Constitu- « tion ; car si la Constitution était reconnue tellement mauvaise qu'il fallût la « changer dans son ensemble, il n'existe aucune puissance humaine qui puisse « empêcher la nation de donner à cet égard des mandats à ses députés. Nous « n'avons donc à examiner que la forme d'après laquelle pourront se faire des « modifications partielles à l'acte constitutionnel que vous avez décrété. »

[2] *Moniteur*, t. IX, p. 544.

j'ai eu l'honneur de vous le dire le 11 juillet 1789, dans un projet de déclaration de droits, doit, dis-je, offrir des moyens constitutionnels et paisibles de revoir et modifier la forme du gouvernement ; je pense qu'il serait attentatoire à ce droit souverain du peuple français d'adopter une proposition qui l'en prive absolument pendant trente ans, c'est-à-dire pendant une génération tout entière.

L'argument de M. La Fayette ne pouvait manquer de faire une profonde impression, car il est inattaquable ; aussi chercha-t-on à démontrer qu'il n'atteignait pas la proposition de M. Dandré, cette proposition étant un conseil et non pas un ordre donné à la nation. Voici les paroles mêmes de M. Muguet, qui touchent le vif de la question, et qui sont aussi vraies de la Constitution de 1848 que de celle de 1791.

C'est un principe incontestable et généralement reconnu que rien ne peut limiter la puissance souveraine de la nation, et qu'elle peut exercer tous ses droits quand et comme elle le veut. Mais lorsque, pour son intérêt, vous déterminez une époque, ce ne sont pas des limites que vous mettez à sa volonté toute-puissante, c'est un conseil que vous lui donnez, une invitation que vous lui faites [1].

Tronchet, qui a laissé un nom si considérable comme jurisconsulte et comme conseil de Louis XVI ; Tronchet, mort premier président de cette Cour de cassation qu'il avait fondée ; Tronchet adopta immédiatement la distinction si juste de Muguet.

Je crois, dit-il, que la seule manière de réunir tous les esprits est de concilier la rigueur des principes avec le seul motif qui puisse vous déterminer à adopter la proposition de M. Dandré.

La seule chose qui m'a toujours effrayé dans la proposition de M. Dandré, c'est la crainte que ceux mêmes que vous voulez contenir pendant trente ans, ne se servissent de votre décret pour exciter des mouvements dans la nation. Je suis intimement persuadé que ce décret même,

---

[1] *Moniteur*, t. IX, p. 544.

d'où l'on veut nous faire espérer la tranquillité, nous fournira une arme pour attaquer cette tranquillité. Voici ce que je propose : *La nation a le droit imprescriptible de revoir sa Constitution quand il lui plaît ; mais l'Assemblée nationale déclare que son intérêt l'invite à suspendre l'exercice de ce droit pendant trente ans* [1].

« On applaudit, continue *le Moniteur*; on demande dans « toutes les parties de la salle à aller aux voix. L'Assemblée « adopte à l'unanimité, la rédaction de M. Tronchet. »

Vous voyez combien, au début, on était loin de reconnaître à des mandataires le droit de lier la nation qui les a choisis pour exécuter sa volonté; et l'article 111 vous apparaît maintenant sous son véritable jour. Tout au moins, a-t-il perdu de ce caractère impérieux, absolu, qui vous effrayait d'abord. Peut-être même deviendrez-vous, comme moi, très-sceptique au regard de ce prétendu droit de conseil, qui n'est qu'une entrave à la souveraineté, qui ne ressort pas du mandat, et qui est au moins inutile, quand il n'est pas dangereux.

Je n'ai pas besoin de vous faire remarquer que la proposition de Tronchet, adoptée par tous les partis comme une transaction, ne terminait rien, et qu'elle ne faisait que juxtaposer deux principes contradictoires, l'un qui reconnaissait en droit l'omnipotence populaire, et l'autre qui, en fait, l'anéantissait pendant trente ans. On n'avait pas suivi le sage exemple de la Constitution américaine, qui sauvegarde les droits du peuple contre l'indifférence et la mauvaise volonté du législateur; on ne disait pas comment, pendant ces trente années, la nation pourrait exercer son droit, si elle ne cédait pas à l'invitation de l'Assemblée.

Ce vote était si complexe et si douteux que Chapelier, le rapporteur du comité de Constitution et du comité de révision réunis, n'y vit que la consécration du droit imprescriptible de la

[1] *Moniteur*, t. IX. p 544.

souveraineté : « *Avec le décret que vous venez de rendre*, s'é-
« cria-t-il, *vous pouvez avoir une Convention nationale l'année*
« *prochaine* [1] ». Le lendemain, M. Dandré proposa un biais,
dont la première idée se trouve dans un discours de Frochot;
ce fut, tout en reconnaissant le droit de la nation, d'enchaîner néanmoins le corps législatif.

Depuis, dit-il, que l'Assemblée a rejeté la proposition que je lui avais
faite de fixer un terme prohibitif avant lequel il ne pût pas y avoir de
Convention, il est plus que jamais nécessaire de prendre des précautions
pour que les Conventions nationales ne soient pas trop faciles à obtenir.

M. Dandré retombait dans l'erreur de la veille. Après avoir
reconnu que la nation ne pouvait être liée, il cherchait le moyen
de l'entraver indirectement. Il ne s'expliquait point sur le cas
où le peuple voudrait changer la Constitution tout entière, et,
au fond ce n'était point de ce côté qu'il craignait rien ; mais il
se défiait de l'ambition ou de la jalousie de la prochaine Assemblée, et, pour l'empêcher, il adoptait avec quelques modifications le système ingénieux, mais peu solide, de Frochot, qui
exigeait le vœu de trois législatures successives, pour toute modification partielle.

Robéspierre demanda la parole, et, il faut l'avouer, défendit
les vrais principes.

M. Dandré ne veut pas que l'on détermine la manière dont pourra être
convoqué un corps constituant : je dis que l'insurrection ne peut être
un moyen sur lequel doive se fonder le législateur. Si la nation a le droit
de changer en son entier la Constitution , il faut lui laisser un autre
moyen de le faire que celui de l'insurrection.

M. DANDRÉ. L'opinant m'attribue ses moyens.

M. ROBESPIERRE. Je dis que n'indiquer aucune espèce de moyen par
lequel la nation puisse exercer son droit de faire changer la Constitution, c'est évidemment ne lui laisser que le moyen de l'insurrection.

[1] *Moniteur*, t. IX, p. 544.

Je m'étonne que ce moyen soit établi par ceux mêmes qui ne peuvent nous voir réclamer aucun principe de liberté, sans dire que nous voulons le désordre et l'anarchie.

Mais les Conventions nationales ne doivent pas seulement pouvoir être appelées pour changer la Constitution dans son entier, ni pour la réformer dans une partie; il est une troisième fonction des Conventions, c'est d'examiner si les pouvoirs constitués n'ont pas franchi les bornes qui leur avaient été prescrites, et de les y faire rentrer. Dans ce cas, *comment espère-t-on que le Corps législatif qui aura usurpé des pouvoirs qu'il ne devait pas exercer, appelle lui-même une Convention pour réprimer l'abus dont il profite? Ne faut-il pas alors à la nation un moyen d'avoir des Conventions nationales, indépendantes du Corps législatif lui-même? Les ordonner autrement, ne serait-ce pas anéantir le principe de la souveraineté nationale pour en revêtir le Corps législatif? La souveraineté de la nation consiste en effet à pouvoir réprimer, quand elle le veut, les usurpations des pouvoirs constitués. Ainsi le système proposé est destructif de la liberté.* Trouvera-t-on trois Corps consécutifs qui appellent contre eux cette autorité puissante qui serait l'écueil de toutes leurs prétentions? Ce plan n'aurait d'autre effet que de délivrer les tyrans, ceux qui usurpent l'autorité du peuple, de la crainte des Conventions nationales[1].

La doctrine défendue par Robespierre est inébranlable dans une Constitution qui a pour base la souveraineté, c'est-à-dire la volonté présente de la nation; aussi Barnave, qui voulait maintenir l'acte de 1791, et qui sentait déjà s'affaisser cet édifice si péniblement élevé, Barnave se garda-t-il bien d'attaquer de front Robespierre; il parla comme lui pour conclure comme Dandré.

Il est, dit-il, contre les principes et contre le bien public d'établir des formes pour provoquer la présence d'un corps constituant.

Le pouvoir constituant est un effet de la pleine souveraineté. Le peuple nous l'a transmis pour une fois; il s'est momentanément dépouillé de sa souveraineté pour l'acte qu'il nous a chargés de faire pour lui;

*mais il n'a ni entendu ni pu entendre nous confier sa souveraineté
pour limiter, pour indiquer ou provoquer après nous d'autres actes de
souveraineté, de la même étendue et de la même nature. De notre part
indiquer, provoquer, limiter un autre pouvoir constituant, c'est évidemment empiéter sur la souveraineté du peuple. Il ne peut le faire
que de sa volonté propre et de son mouvement spontané ; car quand
nous dirions : dans trente ans le peuple pourra élire une Assemblée
constituante, le peuple pourrait dans dix ans le vouloir ; quand nous
dirions : cette Assemblée sera de six cents membres, le peuple pourrait
élire une Assemblée constituante de douze cents membres, et de même
changer toutes les autres formes que nous aurions fixées.*

On ne peut reconnaître plus clairement un principe ; la conclusion nécessaire c'est que, le peuple ayant toujours le droit
de reviser la Constitution, il faut un moyen facile de reconnaître le vœu général, et je dirai même un double moyen,
comme en Amérique, où le Corps législatif a toujours le droit
de consulter son mandant ; où la nation peut toujours exprimer
sa volonté, même en dehors du Corps législatif, afin que des
mandataires infidèles ne puissent la trahir. Est-ce ainsi que
Barnave va conclure ? Point du tout, car il craint pour la
durée de son œuvre, et il veut la perpétuer.

Ce qui entre dans notre mandat, c'est d'empêcher que nos pouvoirs
constituants ne soient nécessaires ; c'est de prévenir, par un mode paisible et conservateur pris dans la Constitution, la provocation de ce vœu
spontané du peuple, qui n'arrive jamais que par la souffrance ou par
l'altération successive des pouvoirs constitués [1].

En d'autres termes, le principe est constant, le droit de reviser et de changer la Constitution est imprescriptible ; mais nous
organiserons la Constitution de telle façon que la législature
aille au-devant des désirs mêmes du peuple, qu'il ne veuille que

[1] *Moniteur*, t. IX, p. 555.

des réformes partielles, et que, par conséquent, il n'en vienne jamais à demander cette terrible mesure d'une Assemblée constituante. La disposition que demande Barnave après Dandré n'est pas une déclaration de principe, c'est un expédient, c'est une façon d'éviter l'exercice immédiat de cette souveraineté qu'on n'a point consultée, qui fait peur, et que cependant on n'ose nier.

Que telle fût la pensée de Dandré, de Barnave et de la majorité de la Constituante, c'est ce dont il est facile de s'assurer en lisant *le Moniteur*. Une dernière opinion de Tronchet dissipera toute espèce de doute, s'il en pouvait rester sur ce point. Barnave avait demandé qu'on ne pût faire aucune motion de révision avant la troisième législature; *autrement*, disait Dandré qui appuyait la motion, *nous nous exposons à avoir le mois prochain une révolution nouvelle*. Tronchet prit alors la parole pour déterminer le vrai caractère de cette proposition.

Je suis si éloigné de penser que ce qu'on vous propose soit contraire au décret que je vous ai présenté, que je vais vous proposer de le lier avec le décret que vous avez déjà rendu. *Vous avez reconnu solennellement le droit de la nation, et vous deviez le faire;* mais vous lui avez dit : Nous vous déclarons dans nos âmes et consciences que nous regardons qu'il est de tout intérêt que vous suspendiez l'exercice de ce droit incontestable. Eh bien! c'est par une conséquence même de cette déclaration faite à la nation que vous devez adopter la proposition qui vous est faite, en la liant à l'article qui vous est présenté. Voici comment je propose de rédiger la proposition de M. Barnave :

« En conséquence, et par les mêmes vues d'intérêt général, et de la « nécessité d'attendre le secours de l'expérience, l'Assemblée nationale « décrète qu'il ne pourra être fait aucune motion pour la révision de la « Constitution avant la troisième Législature. »

Cette motion fut adoptée; en d'autres termes, l'Assemblée lia le Corps législatif, ne pouvant lier la nation; et en même temps elle reconnut le droit imprescriptible de la souveraineté sans en régler l'exercice. Elle fit une loi pour les modifications partielles de la Constitution, elle s'en remit à la volonté du pays pour un changement complet.

La question se présenta de nouveau devant l'Assemblée constituante. Le 2 septembre 1791 Thouret lut la rédaction définitive du titre final concernant le mode de révision. Il avait conservé la disposition qui invitait la nation à ne pas faire usage de son droit avant 1821. Plusieurs membres demandant la suppression de cette clause, Duport prit la parole :

L'Assemblée nationale a pensé qu'il serait plus pratiquement utile d'établir dans la Constitution un mode de révision partielle, que de forcer la nation à s'exposer, par la délégation du pouvoir constituant, à un bouleversement universel. Rejetant tous les systèmes d'Assemblées constituantes, elle a adopté le système d'un Corps législatif reviseur. *Il ne reste donc plus du premier système que le principe du droit qu'a la nation de changer en entier la Constitution quand elle le juge convenable. Je crois que quand on a dit que la souveraineté de la nation est inaliénable et imprescriptible, on a tout dit à cet égard.* Cependant il n'y aurait pas d'inconvénient à établir formellement le principe que *la nation ne peut aliéner le droit de changer en entier, quand elle le veut, sa Constitution ;* mais dire que ce changement ne sera pas utile avant trente ans, avant cent ans, c'est-à-dire faire supposer qu'il sera utile après ce terme, c'est ne guère songer à la tranquillité et au bonheur de la génération suivante, et ne pas donner lieu à nos enfants de bénir notre sagesse.

Cette dernière phrase accuse, chez Duport, une confiance en son œuvre qui dépasse l'illusion permise au législateur ; mais, au moins cette illusion ne va-t-elle pas jusqu'à lui faire méconnaître le droit de la nation.

Trouchet revint à la charge pour confirmer ce droit de souveraineté que personne ne contestait ; on va voir combien il avait peur de la moindre apparence d'usurpation.

Pour terminer la difficulté, je crois qu'il est utile que vous vous rappeliez l'époque et la manière dont le décret a été rendu. Il vous avait été proposé purement et simplement de décréter qu'il ne pourrait y avoir de révision avant trente ans; *emporté par la conviction intime qu'il était impossible de limiter à cet égard les droits de la nation*, ce n'est que pour empêcher que ce décret ne passât que je proposai qu'il fût déclaré *par forme de conseil* que l'intérêt de la nation l'invitait à suspendre, pendant le terme qui était proposé, l'exercice de son droit. Vous adoptâtes ma proposition. Mais depuis que l'Assemblée a adopté un mode lent et sage de révision, un mode qui éloigne la nécessité de l'exercice du pouvoir constituant, je crois qu'il n'y a plus lieu à cette disposition.

M. Dupont (je présume que c'est Dupont de Nemours) ne fut pas satisfait de ces combinaisons qui allaient à éluder le droit du peuple, et, en peu de mots, il rétablit la doctrine constitutionnelle.

Il est, dit-il, *un principe fondamental : c'est le droit imprescriptible qu'a la nation de changer en entier ou de revoir et de modifier sa Constitution quand elle le veut.* Or, ce droit a reçu une atteinte par l'injonction faite hier d'une manière impérative aux deux Législatures qui vous succéderont de ne point s'occuper de la convocation d'une Assemblée de révision. Je demande que ce décret soit rétracté comme celui dont parle M. Tronchet. (On murmure.) Cette rétractation n'aura pas d'inconvénient; car, en supposant le plus grand empressement possible de la part de vos successeurs à demander une Assemblée de révision, l'Assemblée nationale revisante ne pourrait avoir lieu qu'en 1795, ce qui est infiniment près du terme que l'on avait proposé. (Les murmures continuent.) Vous ne donnez donc aucun intérêt à violer le principe. Ce que vous pouvez faire, c'est au plus une invitation à la nation [1].

Barnave reprit la théorie de M. Dandré, qu'il avait déjà défendue avec Tronchet; évidemment c'était celle que l'Assemblée accueillait avec le plus de faveur. Reconnaissance de la souveraineté et du pouvoir constituant; limitation des pou-

[1] *Moniteur.* t. IX, p. 572.

voirs constitués; c'était une théorie louable peut-être dans ses motifs, mais complétement défectueuse dès qu'on ne disait pas comment la nation pourrait manifester légalement sa volonté.

Je crois, dit-il, que la proposition qui vient d'être faite par M. Tronchet ne peut souffrir de conflit. Elle consiste à conserver dans l'article l'énonciation du principe et à supprimer la précaution de l'invitation, devenue inutile par les *précautions ultérieures pour la révision de la Constitution. Vous avez le pouvoir et le droit de décréter que le moyen de révision qui fait partie de votre Constitution, et que vous avez réglé, ne sera exercé que dans quatre ans*, parce que vous en confiez l'exercice à des pouvoirs constitués et soumis dans leur marche aux régles de la Constitution [1]; mais quant au pouvoir constituant, vous n'avez aucun moyen de prescrire aucune régle sur la manière dont il doit être exercé [2]. C'était du pouvoir constituant que vous vous occupiez lorsque M. Tronchet vous fit sa proposition. Alors vous eûtes raison de reconnaître que vous ne pouviez rien prescrire à cet égard, et que vous pouviez tout au plus inviter la nation à ne point déléguer l'exercice du pouvoir constituant avant trente ans; mais, depuis, vous avez adopté un moyen de révision qui rendra probablement inutile, ou au moins éloignera bien au delà de trente années l'exercice du pouvoir constituant. Vous ne devez donc pas indiquer un terme évidemment trop prochain, et qu'il serait dangereux de laisser prévoir, lorsque vous avez mis dans la Constitution un moyen de s'en passer. Si, après avoir établi déjà un moyen de révision constitutionnel, vous dites qu'il n'est pas utile que le pouvoir constituant soit exercé avant trente ans, vous effrayez tous les citoyens par la perspective d'une révolution presque certaine au bout de cette époque, et vous donnez un épouvantail à tous les hommes paisibles et à tous les hommes sensés [3].

C'est l'illusion de Duport. Trente ans de durée, c'était trop

---

[1] C'est là qu'est le sophisme; car ce n'est pas seulement le pouvoir constitué, c'est la nation même que l'article enchaîne au mépris du principe proclamé.

[2] Encore faut-il qu'on puisse convoquer la nation; car si ce droit existe, il faut bien qu'il se manifeste sous une forme quelconque, et dont le corps qui convoque paraît le meilleur juge.

[3] *Moniteur*, t. IX, p. 572.

peu pour cette œuvre qui devait mourir en naissant. Mais
il y avait dans l'Assemblée des gens qui avaient une foi bien
plus robuste : tel était Camus, un de ces hommes qui épousent
avec fureur les idées, les rancunes, les passions du corps
auquel ils appartiennent : race favorite des assemblées, qui
les flatte, les entraîne et les perd.

Camus exagéra la proposition de Barnave, et demanda une
rédaction qui fait sauter aux yeux tout ce qu'il y a de contradic-
toire et de vain dans la pensée d'enchaîner le pays.

M. Camus. Vous avez rendu un décret très-sage pour la tranquillité et
pour le bonheur de la nation. Je demande qu'il soit conservé nonobstant
toutes les subtilités qu'on emploie pour le détruire ; voici comment je
demande qu'il soit rédigé.

La nation a le droit imprescriptible de réformer, de revoir et de changer sa Constitution ; mais l'Assemblée nationale déclare que l'intérêt de
la nation l'invite à ne pas user de ce droit, même du droit de révision
(On murmure.), avant trente ans : elle décrète que la première et la seconde Législature ne pourront s'occuper de la révision. (On applaudit.)

M. Baumetz, qui parla après Camus, exposa les craintes du
Comité, qui étaient celles de la majorité de l'Assemblée.

Je crois que cette discussion ne porte que sur un malentendu. Je déclare que nous ne parlons ici, nous membres du Comité, et que nous
ne résistons en quelque sorte au vœu que témoigne l'Assemblée, que
parce que nous désirons que la nation n'use jamais, ou qu'elle n'use
qu'à la dernière impulsion de la nécessité, du droit effrayant de bouleverser une Constitution. Nous désirons que l'Assemblée, qui a eu la sagesse de mettre dans la Constitution un moyen de révision sage, doux,
qui complète cette Constitution en y plaçant un germe d'amélioration ;
nous voudrions, dis-je, que cette même Assemblée éloignât l'idée de
toute Convention nationale complète. *Autant nous regardons comme
un devoir sacré de l'Assemblée nationale de déclarer formellement le
droit qu'a la nation, tous les jours et à toute heure, de rechanger en*

*entier sa Constitution, autant nous sommes persuadés que l'exercice
actif de ce droit est contraire à son intérêt.* Justement effrayés de
ces grands événements, de ces grandes crises politiques où l'on remet
en question les intérêts de tous les membres de la société, vous avez
conseillé à la nation de ne pas user de son droit avant trente ans ; mais
depuis vous avez fait bien mieux ; vous avez donné à la nation les moyens
de se passer de l'exercice de ce droit [1]. Je demande donc que l'article
soit retranché [2].

Alors s'éleva une discussion confuse, car on ne savait pas
si l'invitation faite à la nation de ne point toucher à la Constitution avant trente ans, concernait l'exercice du pouvoir constituant, ou le droit de révision partielle. Avait-on lié le peuple,
ou simplement le Corps législatif? On ne put pas s'entendre,
et ce fut le lendemain seulement que Thouret, au nom des
Comités, proposa la rédaction définitive, qui réservait la souveraineté des citoyens.

Vos Comités ont pris pour base de leur résolution la distinction fondée dans la nature même des choses, entre l'exercice du pouvoir constituant qui supposerait la nécessité du changement total de la Constitution, et le mode de révision indiqué par la Constitution même pour des
réformes partielles sur quelques articles de détail [3]. Lorsque M. Tron-

---

[1] M. Baumetz ne s'aperçoit pas que sa phrase équivaut à : *nous avons dépouillé
la nation de son droit.*

[2] *Moniteur*, t. IX, p. 572.

[3] Cette prétendue nature des choses est une illusion. Comment toucher à une
Constitution sans en altérer l'esprit, sans la modifier profondément? C'est de
l'organisation des trois pouvoirs que s'occupe essentiellement une Constitution;
comment changer l'un sans atteindre les autres? Ce que vous ajoutez au pouvoir législatif, vous le faites perdre nécessairement au pouvoir exécutif ou
judiciaire, car, réunis, ces trois pouvoirs comprennent toute la puissance nationale. Cette distinction du changement total et de la révision partielle est
donc chimérique, et n'est pas prise dans la nature des choses. La preuve en
est que la Constitution d'Amérique et bien d'autres encore, ne la connaissent
pas. Voyez ce que dit Condorcet, *Moniteur*, t. XV, p. 160.

chet proposa à l'Assemblée le décret par lequel elle a fait une invitation à la nation de n'appeler de Convention nationale avant trente années, il entendait alors parler des Assemblées ayant le pouvoir constituant complet, qui sont bien dans le pouvoir de la nation, mais dont il est utile qu'elle n'use point fréquemment. C'est de ce pouvoir que l'on peut dire qu'il est du conseil de la sagesse de ne l'exercer que lorsqu'il devient impossible de faire autrement. C'est pour cela qu'on avait proposé de décréter que la nation ne l'exercerait pas avant trente ans. *Mais ce décret impératif eût été évidemment une atteinte portée aux droits de la nation; on y a donc substitué une invitation.* Mais cette invitation portait-elle et sur l'exercice du pouvoir constitutionnel et sur l'exercice du pouvoir de révision partielle? C'est une des questions qui ont été débattues dans la séance d'hier. Mais ne semblerait-il pas présomptueux de croire qu'il ne sera pas besoin avant trente ans de quelque rectification partielle à la Constitution? Vous avez cru devoir adopter un mode de révision partielle qui est, contre le danger de l'appel d'un corps constituant, une garantie bien plus sûre que votre invitation.

Voici donc la manière dont vos Comités vous proposent de rédiger le préambule du titre relatif à la révision.

L'Assemblée nationale déclare que la nation a le droit imprescriptible de changer sa Constitution; et néanmoins, considérant qu'il est plus conforme à l'intérêt national d'user seulement, par des moyens pris dans la Constitution même, du droit d'en réformer les articles dont l'expérience aurait fait sentir les inconvénients, décrète qu'il y sera procédé par une Assemblée de révision dans la forme suivante...

Ainsi, ce qui est essentiel à la nation qui jouit d'une Constitution fondamentalement bonne, c'est de pouvoir en rectifier les défauts de détail. Il ne faut pas alors prévoir la nécessité d'une subversion totale dans une Constitution fondée sur les bases immuables de la justice et les principes éternels de la raison [1]. C'est d'après cela que nous pensons qu'il faut supprimer cette invitation faite à la nation de ne point exercer le

---

[1] C'est là l'erreur de la Constituante. Il n'y a rien d'immuable et d'éternel dans une Constitution; car les rapports qu'elle régit ne sont pas ceux d'homme à homme, qui ne varient guère, mais des rapports politiques, essentiellement variables, et différant suivant les temps et les lieux. Les pouvoirs ne sont pas organisés en Amérique comme en Angleterre, ce qui n'empêche pas que chacun des deux pays ait une excellente Constitution.

pouvoir constituant avant trente ans ; car quoique cette invitation ait pour objet d'éloigner l'usage du corps constituant, elle aurait l'effet réel et substantiel pour plusieurs esprits, d'être une espèce de convocation du corps constituant dans trente ans ; et depuis que vous avez rendu le remède d'un corps constituant presque inutile, elle a perdu tous ses avantages, et il ne reste que l'inconvénient dont je parle[1].

M. Pétion demande la parole, continue le *Moniteur*, mais on demande *impétueusement* à aller aux voix. La partie centrale se lève pour sommer le président de mettre en délibération la motion de fermer la discussion. L'Assemblée ferme la discussion. L'article proposé par M. Thouret est adopté.

Thouret soumit ensuite à la délibération les articles concernant le mode de révision ; ils furent adoptés presque sans discussion. Les voici ; je les cite pour que vous jugiez par vous-même de tout ce qu'il y a de factice et d'arbitraire dans ces dispositions, imaginées par des mandataires sans autorité. Assurément, la Constituante avait d'excellentes intentions, mais son Assemblée de révision est tout à la fois une usurpation flagrante de la souveraineté populaire, et une institution mauvaise, qui doit forcer les révolutions au lieu de les étouffer. C'est ce qu'on peut dire également de notre article 111, inspiré du même esprit ou des mêmes illusions.

2. Lorsque trois législatures consécutives auront émis un vœu uniforme pour le changement de *quelque article constitutionnel*, il y aura lieu à la révision demandée.

3. La prochaine législature et la suivante ne pourront proposer la réforme d'aucun article constitutionnel[2].

4. Des trois législatures qui pourront par la suite proposer *quelques changements*, les deux premières ne s'occuperont de cet objet que dans les deux derniers mois de la dernière session, et la troisième à la fin

---

[1] *Moniteur*, t. IX, p. 574.

[2] Usurpation de la souveraineté : l'Assemblée dispose d'un avenir qui ne lui appartient pas.

de sa première session annuelle, ou au commencement de la seconde[1].

Leurs délibérations sur cette matière seront soumises aux mêmes formes que les actes législatifs[2], mais les décrets par lesquels elles auront émis leur vœu ne seront pas sujets à la sanction du roi.

5. La quatrième législature, augmentée de deux cent quarante-neuf membres élus en chaque département par doublement du nombre ordinaire qu'il fournit pour sa population, formera l'Assemblée de révision[3].

Ces deux cent quarante-neuf membres seront élus après que la nomination des représentants au Corps législatif aura été terminée, et il en sera fait un procès-verbal séparé.

L'Assemblée de révision ne sera composée que d'une Chambre[4].

6. Les membres de la troisième législature qui aura demandé le changement ne pourront être élus à l'Assemblée de révision[5].

---

[1] On comprend que les constituants déterminent les attributions du Corps législatif; c'est leur mandat. Mais qu'ils déterminent le jour et l'heure où il lui sera permis de consulter la nation, ce n'est plus régler les pouvoirs de l'Assemblée, c'est entreprendre sur la nation même qu'on doit entendre dès que son intérêt et son bien-être sont en jeu.

[2] Il appartenait à la Constitution de 1848 de raffiner sur ce point et de rendre plus difficile ce qu'on devrait faciliter par-dessus toute chose dans une République, le recours légal à la nation, source de tout pouvoir.

[3] L'idée qu'en augmentant une Assemblée on la rend plus capable de faire une Constitution, ou, si l'on veut, que plus elle est nombreuse et mieux elle représente la nation, est une des erreurs fâcheuses que nous devons à la Constituante. On pense le contraire en Amérique, et avec raison; neuf cent quatre-vingt-quatorze personnes, comme le veut la Constitution de 1791, ou neuf cent, comme le veut la Constitution de 1848, sont une foule et non pas une Assemblée. C'est un moyen sûr pour que le vœu national soit oublié dès le premier jour de la discussion. Voyez *infrà*, Lettre huitième.

[4] Pourquoi, si l'expérience prouvait qu'en ce point, comme en d'autres, deux Chambres valent mieux qu'une? C'est une question à décider par l'Assemblée qui consulte le pays. A ce moment le vœu national peut très-bien être que la Constitution soit soumise à une double discussion: personne n'a le droit de le contrarier par avance.

[5] Excellent moyen, d'une part, pour éloigner toute demande de révision (car cette révision contrarie l'intérêt personnel des membres de l'Assemblée): de l'autre, pour amener des hommes nouveaux qui détruisent tout ce qu'ont fait

7. Les membres de l'Assemblée de révision, après avoir prononcé tous ensemble le serment de *vivre libres ou mourir*, prêteront individuellement celui de *se borner à statuer sur les objets qui leur auront été soumis par le vœu uniforme des trois législatures précédentes ; de maintenir au surplus de tout leur pouvoir la Constitution du royaume décrétée par l'Assemblée nationale constituante aux années 1789, 1790 et 1791*[1], *et d'être en tout fidèles à la nation, à la loi et au roi*[2].

8. L'Assemblée de révision sera tenue de s'occuper de suite et sans délai des objets qui auront été soumis à son examen [3] ; aussitôt que son travail sera terminé, les deux cent quarante-neuf membres nommés en augmentation se retireront sans pouvoir prendre part, en aucun cas, aux actes législatifs [4].

Voilà ce monument de la sagesse de nos pères, qui a servi de modèle aux Constitutions de l'an III et de 1848 ; il ne soutient pas l'examen. On y voit l'Assemblée effrayée de l'avenir, et, n'osant pas renier le principe même en vertu duquel elle existe et elle agit, chercher quelque moyen subtil pour donner le change à l'opinion, et comprimer cette souveraineté du peuple qui maintenant lui fait peur. C'est là l'histoire de toutes les Assemblées en temps de révolution. Au début, quand l'opinion les soutient et les pousse, elles exaltent la volonté populaire qui fait leur force ; puis quand les passions surexcitées se retournent contre elles, ou quand par le seul effet du temps le législateur a pris des idées, un esprit particu-

leurs devanciers. On sait comment, grâce à cette abnégation sublime de la Constituante, la Législative a traité la France.

[1] Qui ne voit que ce serment est nul, et que les constituants, une fois nommés, ne relèvent plus que du peuple qui leur a donné le mandat ? S'il convient à la nation de donner un mandat illimité, l'article 7 est virtuellement abrogé ; et si la nation limite elle-même son mandat, il est inutile.

[2] Le serment de fidélité au roi ? et s'ils ont mandat d'abolir la royauté ?

[3] Qui pourra l'y forcer, et où sera son supérieur ?

[4] Ainsi, le quart de l'Assemblée a un intérêt personnel à traîner en longueur la Constitution.

lier, que rapportant tout à soi il s'est insensiblement séparé de la nation qui suit une voie différente, il s'irrite contre l'opinion qui lui fait obstacle, et, n'osant la combattre ouvertement, il ruse avec elle et cherche, mais inutilement, à lui faire illusion. Alors on imagine une adhésion qui n'existe pas, ou bien on suppose que le corps législatif qui représente la nation est la nation même, et on se garde bien de remplir une dernière forme qui seule dispense de toutes les autres, et dont aucune ne peut tenir lieu; on ne demande pas au peuple sa ratification. Et cependant cette acceptation indispensable, c'est une de ces mesures qu'on ne présume pas, qu'on ne remplace pas; car c'est la seule garantie donnée au pays que ses représentants n'ont pas trahi leur devoir.

Et ce n'est pas tout : cette œuvre frappée de nullité par défaut d'acceptation, on prétend l'éterniser en liant la nation à des formes impossibles. Le législateur s'imagine échapper ainsi à l'arrêt qu'il redoute, à la ruine qui le menace; il espère arrêter la vie de la nation, et, n'étant pas maître du lendemain, il entend disposer de l'avenir; il proclame l'éternité de son œuvre; il joue au Lycurgue. Tout cela dure un jour; ces mêmes hommes qui ont fait une Constitution séculaire, en refont, six mois plus tard, une seconde à laquelle ils garantissent une durée immortelle! Et de toutes ces défenses inutiles il reste le souvenir du mal qu'elles ont fait; et un exemple de vanité législative, qui, comme tant d'autres, ne va jamais à l'adresse des nouvelles assemblées!

SEPTIÈME LETTRE.

Opinion de M. de Clermont-Tonnerre. — 2° Le droit de révision à l'Assemblée législative et à la Convention.

Vous comprenez, mon ami, que si la Constituante cherchait en vain à se faire illusion, elle ne pouvait pas tromper ceux qui, par conviction, par regret du passé, ou par ambition, repoussaient l'œuvre de 1791. Aussi, et dès la promulgation, fût-elle attaquée de tous côtés. Je vous fais grâce des opinions exaltées; vous me diriez qu'à toutes les époques il y a eu un parti extrême qui, vainqueur, n'a jamais su garder le gouvernement, et, vaincu, n'a jamais pu les souffrir dans la main d'autrui. Mais vous ne refuserez pas d'écouter le jugement d'un homme qui, en 1789, demandait la liberté réglée d'une monarchie constitutionnelle, comme le régime qui convenait le mieux à la France, ce qui assurément suppose une certaine portée d'esprit. Cet homme est M. de Clermont-Tonnerre, un des membres les plus distingués de la noblesse à l'Assemblée constituante, et qui, pour prix de son dévouement à la liberté et à la modération, fut misérablement égorgé dans la rue le 10 août 1792, sans même avoir le bonheur de mourir pour le roi qu'il avait sincèrement aimé.

Voici ce qu'il écrit dans son *Analyse raisonnée de la Constitution française* [1], travail remarquable, et bien fait pour dessiller les yeux si les passions des législateurs n'eussent alors poussé la France à sa perte. En de pareils moments la voix du sage est inutile; on n'écoute, on n'exalte que les flatteurs ou les intri-

----

[1] Tome IV de ses Œuvres. Paris, 1791.

gants. La justice vient quand il est trop tard et pour l'écrivain et pour le peuple.

Ce titre, dit M. de Clermont-Tonnerre, offre une singulière inconséquence. Il reconnaît à la nation le droit imprescriptible de changer sa Constitution, ensuite il décrit une loi d'après laquelle sera certainement puni quiconque fera l'un des actes par lesquels on peut arriver à l'exercice du droit national que l'on vient de reconnaître imprescriptible.

Rien au monde n'est plus inconséquent : on s'étonne de la confiance avec laquelle on présente au peuple des choses aussi contradictoires. Si l'Assemblée voulait être conséquente, elle devait au moins ne mettre aucune entrave au droit du peuple qu'elle déclare imprescriptible. Si, plus frappée des vices de son ouvrage que du principe qu'elle avait reconnu, elle désirait une révision, elle devait choisir un mode duquel pût naître la réforme de ces vices. Pour cela il fallait que cette forme fût combinée de manière à ce que le vœu du peuple y eût une influence marquée, à ce qu'aucun des pouvoirs constitués n'y eût une influence prépondérante. Il est évident que si un seul pouvoir recevait le droit de provoquer la révision et d'en fixer les points, il n'en userait jamais qu'à son avantage, et *il est connu qu'entre deux pouvoirs, si l'un peut s'accroître aux dépens de l'autre, sans que l'autre ait la même faculté, il n'en restera bientôt qu'un seul* [1]. Cela posé, examinons le mode de révision duquel l'Assemblée nationale consent à recevoir le vœu du peuple. *Il est combiné de manière à fortifier l'autorité déjà si effrayante du Corps législatif; il rend éternels tous les vices dont il ne se plaindra pas, et précaires tous les articles constitutionnels qui peuvent encore le retenir dans des bornes quelconques* [2].

Le roi est évidemment, dans cet état de choses, exposé à se voir successivement dépouillé de son pouvoir constitutionnel, si toutefois la motion de le détrôner en une seule fois ne passe pas dans une première législature. Je suppose que cette motion y soit faite une fois; je suppose

---

[1] C'est en 1791, et non en 1851, que M. de Clermont-Tonnerre écrivait cette maxime; j'en fais l'observation, sinon on pourrait aisément s'y tromper.

[2] « Il est impossible de ne pas convenir, dit-il un peu plus loin (page 401), « que l'Assemblée nationale a choisi un mode de révision qui tend à ajouter sans « cesse au pouvoir excessif des législatures, et qui ne réforme jamais un seul « des abus dont elles peuvent tirer avantage. »

qu'une législature déclare qu'il lui paraît que le gouvernement *ne doit plus être monarchique*; sans doute elle le peut, puisque c'est un des articles de la Constitution et qu'elle peut émettre le vœu de changer ceux qui lui déplaisent; ce vœu ne sera pas encore une loi. Mais je demande comment le roi gouvernera pendant les quatre ans [1] qui devront encore s'écouler avant l'Assemblée de révision qui prononcera sur ce vœu. Si un État dans lequel de telles circonstances sont constitutionnellement possibles n'est pas dévoué à l'anarchie et à tous les maux qu'elle entraîne, il faut renoncer à toutes les notions de raison par lesquelles les hommes se conduisent !

Je viens, maintenant, à l'opinion de l'Assemblée législative : ici, sans doute, c'est la passion plus que la raison qui parle ; mais enfin cette passion, pour gagner la faveur populaire, s'appuie sur un principe vrai, un principe reconnu comme base de la Constitution; elle est donc au moins logique. En outre, il est bon de connaître la tradition révolutionnaire, ne fût-ce que pour prévoir l'attitude des héritiers de la Montagne, quand on discutera le droit de révision. A moins de démentir tout ce passé qu'il glorifie, c'est ce côté qui doit prendre en main la cause de la souveraineté absolue du pays, qui doit briser ces entraves dans lesquelles la Constitution de 1848 a vainement essayé d'emprisonner un droit imprescriptible et inaliénable. La Législative et la Convention ont toujours maintenu (et avec grande raison), que c'était à elles seules qu'il appartenait de consulter le pays, non pas suivant des formes imposées, mais suivant des formes librement choisies, et inspirées des circonstances.

Pour la Législative, nous avons une manifestation des plus solennelles et des plus curieuses, qui nous donne dans toute sa

---

[1] Lisez le *président* au lieu du *roi*, et mettez *six mois* ou *un an* au lieu de *quatre ans*, la réflexion de Clermont-Tonnerre est d'une effrayante vérité. C'est une vue toute nouvelle sur les dangers du droit de révision exclusivement confié au Corps législatif. Tout est mauvais dans un régime mensonger.

vivacité l'opinion de l'Assemblée, et dispense de toute autre preuve.

Le 25 juillet 1792, c'est-à-dire neuf mois après l'adoption de cette Constitution de 1791, à laquelle on ne devait pas toucher de quatre ans au moins, M. Crestin demandait que, toute affaire cessante, on discutât si le roi, par sa conduite avant ou depuis la déclaration de la guerre, s'était mis dans le cas *d'être censé avoir abdiqué la couronne* [1]. En d'autres termes, il proposait un des cas de déchéance établis par la Constitution.

Chabot, plus hardi, voulait en finir avec la royauté, malgré la Constitution, et voici la forme, peu voilée, qu'il donna à sa pensée.

M. CHABOT [2]. J'appuie en partie la proposition qui est faite par M. Crestin de discuter incessamment la question de savoir si le roi a encouru la déchéance. Mais je voudrais que la discussion restât libre et qu'elle ne fût pas morcelée par les questions partielles qu'il vous propose. Je demande donc que cette discussion s'ouvre dès demain, non pas, comme l'a dit M. Crestin, pour faire finir les soupçons du peuple, car tous les décrets de l'Assemblée ne peuvent étouffer l'opinion publique; nous n'en sommes que les organes et non les maîtres. Quand il serait vrai que l'Assemblée fût assez faible pour savonner le pouvoir exécutif, la nation n'en serait pas moins persuadée de la réalité des trahisons de la cour. S'il lui est prouvé que le Corps législatif ne trouve pas dans la Constitution assez de pouvoir pour agir, nulle puissance alors ne pourra l'empêcher de se sauver elle-même. (De nombreux applaudissements s'élèvent dans les tribunes.) Et quand le pouvoir exécutif sortirait blanc comme neige de cette discussion, le peuple français aura toujours le droit incontestable de changer sa Constitution. (Les applaudissements des tribunes recommencent. De violentes rumeurs s'élèvent dans l'Assemblée; tous les membres du ci-devant côté droit, et une partie du côté gauche, se lèvent en demandant à grands cris, les uns que M. Cha-

[1] Constitution de 1791, chap. II, sect. I, art. 6
[2] *Moniteur*, tome XIII, p. 240

bot soit rappelé à l'ordre, les autres qu'il soit envoyé à l'Abbaye comme parjure.)

M. le président (c'était Laffond-Ladebat), cédant à l'impulsion de ces clameurs, rappelle M. Chabot à l'ordre.

M. CHOUDIEU. Monsieur le président, je demande la parole contre vous... Je demande, messieurs, que le président soit rappelé à l'ordre, pour avoir méconnu la souveraineté du peuple français, consacrée par la Constitution, et j'invoque ici la lettre même de l'acte constitutionnel. (Les rumeurs continuent dans la partie droite.) Je prie les *honnêtes gens* de faire silence et de m'écouter. Voici les propres termes de la Constitution : *L'Assemblée constituante déclare que la nation a le droit imprescriptible de changer la Constitution.* Il n'y avait pas même besoin de cet article pour reconnaître la souveraineté du peuple, car l'Assemblée constituante n'avait pas le droit de la limiter ; aussi n'a-t-elle fait qu'une simple déclaration ; mais cette loi fondamentale étant formellement énoncée dans la Constitution, comment se fait-il qu'un président de l'Assemblée nationale ose rappeler à l'ordre ceux qui exposent les grands principes de la souveraineté du peuple ?... Je dis qu'il n'est plus de Constitution, qu'il n'y a plus de principes sacrés, si vous n'arrêtez l'audace de vos présidents. (Une grande partie de l'Assemblée et les tribunes applaudissent ; M. le président sonne.) Ce n'est pas la première fois que les présidents, après s'être fait élire par une coalition, ont osé attenter à la souveraineté du peuple et méconnaître ses droits. Il est temps d'arrêter cette audace, et je demande qu'aujourd'hui vous fassiez un grand exemple. Si les dangers de la patrie consistent dans la résistance d'inertie que vous opposent les agents du pouvoir exécutif, ils consistent bien plus encore dans l'insolence de certains délégués du peuple qui trahissent ses droits. Je demande donc que le président soit rappelé à l'ordre et à ce qu'il doit à la majesté de la nation. (On applaudit.)

Plusieurs voix. Monsieur le président, vous êtes inculpé, quittez le fauteuil.

M. LE PRÉSIDENT. Je vais d'abord consulter l'Assemblée pour savoir si elle veut que je quitte le fauteuil oui ou non. (Il s'élève des murmures.)

M. CHABOT. Je demande la question préalable sur la proposition de M. Choudieu ; je suis persuadé que le président ne m'a rappelé à l'ordre que parce qu'il a plus fait attention à la restriction du principe énoncé dans un article postérieur à la Constitution¹ qu'au principe même, et parce que les clameurs constitutionnelles de ces messieurs m'ont empêché de terminer ma phrase.

M. ISNARD. Je m'oppose à la question préalable. De tous les délits dont on peut se rendre coupable, celui qui attente à la souveraineté du peuple est le plus grave. Il est d'autant plus important que la discussion ne cesse pas ainsi par une décision de passer à l'ordre du jour, que tous les amis de la liberté voient avec effroi le système qui s'introduit de détruire ce principe fécond de toute liberté, la souveraineté du peuple. (Murmures dans la partie droite.) Ne m'interrompez pas, vous n'y gagnerez rien, sinon de m'entendre plus longtemps. Il est donc vrai que de tous les peuples de la terre, jamais aucun n'a pu déléguer pour un instant l'exercice de sa souveraineté, sans que ceux à qui il l'a confiée aient cherché aussitôt à l'enchaîner. C'est ainsi que le Corps constituant, après avoir reconnu ce principe fondamental, dont il avait besoin pour consolider son ouvrage, a eu même temps, par une restriction inconstitutionnelle, cherché à enchaîner le peuple. Certes, ce... clause restrictive ne peut être considérée que comme un conseil donné au peuple, et la déclaration du principe n'en reste pas moins dans toute sa force. Peut-on en conclure que la nation n'ait pas toujours le droit de changer sa Constitution ? Et comment se trouve-t-il des représentants du peuple qui partagent ces vues criminelles ? N'avez-vous pas été effrayés de voir une foule d'hommes tourner leurs figures et jeter des cris comme si on eût proféré un blasphème ? Faites une déclaration qui rassure le peuple sur sa souveraineté. Je demande que le président soit rappelé à l'ordre.

M. LACROIX. Comme nous reconnaissons tous que M. le président a eu tort, je ne vois rien de plus grand, de plus glorieux pour lui que de reconnaître lui-même sa faute ; car je conçois très-bien comment il est possible qu'entraîné par les murmures de ces messieurs qui criaient au parjure, qui invoquaient la prison comme la peine la plus douce à infliger à celui qui a reconnu la souveraineté du peuple, je conçois, dis-je, qu'il est possible qu'entraîné par ce grand mouvement constitutionnel il se soit déterminé à prononcer ce rappel à l'ordre ; mais, s'il persiste, je demande qu'on le rappelle à son devoir.

¹ C'est-à-dire, je suppose, introduit lors de la révision, car l'article est dans la Constitution et fut voté avec elle

M. LE PRÉSIDENT. Je vais faire lire la Constitution.

Plusieurs voix. Point de chancelier, monsieur le président, justifiez-vous vous-même.

M. LE PRÉSIDENT. La Constitution dit : « Et néanmoins, considérant qu'il « est plus conforme à l'intérêt national d'user seulement, par les moyens « pris dans la Constitution même, du droit d'en réformer les articles dont « l'expérience aurait fait sentir les inconvénients, décrète qu'il y sera « procédé par une Assemblée de révision, en la forme suivante... »

D'après cet article, mon opinion particulière est que je ne me suis pas écarté de la Constitution ; mais, comme mon opinion ne fait pas loi, je vais consulter l'Assemblée pour savoir si c'est à propos que j'ai rappelé à l'ordre M. Chabot.

Plusieurs voix. Quittez le fauteuil.

M. le président quitte le fauteuil. M. Dubayet, ex-président, le remplace.

L'Assemblée décide *presque unanimement* qu'il sera rappelé à l'ordre.

M. LE PRÉSIDENT. Monsieur Laffon-Ladebat, je vous rappelle à l'ordre au nom de l'Assemblée [1].

Qu'on voie dans cette scène singulière la revendication du droit inaliénable de la souveraineté populaire, ou la violence d'un parti qui ne peut endurer le frein des lois, qu'on la trouve sublime ou ridicule, peu importe à ma démonstration. Il n'en est pas moins vrai que l'Assemblée législative, qui dès le premier jour avait accueilli avec peu de respect la présentation solennelle de l'acte constitutionnel [2], se déclarait, à la presque unanimité (c'est le *Moniteur* qui le dit), contre une restriction qui violait les droits de la nation et le principe fondamental de la Constitution, et cela, non pas au milieu de ces dangers qui poussent aux partis extrêmes, mais à propos d'un incident sans portée.

Au 10 août, la Législative, hors d'état de gouverner avec cette Constitution fatale qui avait amené la chute de la royauté, fit un appel au peuple pour nommer immédiatement la Con-

[1] *Moniteur*, t. XIII, p. 240.
[2] Buchez, *Histoire parlementaire*, t. XII, p. 49.

vention. On était dans une situation où le respect des formes légales était impossible; aussi, pas une voix ne s'éleva pour se plaindre de cette violation. L'Assemblée changea du même coup les conditions électorales, en appelant à voter dans les assemblées primaires, non plus simplement les citoyens actifs, mais *tout citoyen âgé de 25 ans, et vivant du produit de son travail* [1]. C'est sous l'empire de cette loi nouvelle que fut nommée la Convention.

Son premier acte fut d'abolir la Constitution de 1791; sans discussion, et à l'unanimité, elle rendit le décret suivant :

La Convention nationale déclare qu'il ne peut y avoir de Constitution que lorsqu'elle est adoptée par le peuple [2].

Ainsi finit dans le mépris cette Constitution qu'on rêvait éternelle, qu'on avait espéré rendre inviolable pendant trente années, qu'on voulait au moins soustraire à l'action des premières Assemblées. Elle n'avait pu vivre un an, et elle marque dans l'histoire, comme un funeste météore, par les désastres qui l'ont suivie. Essayer d'en reproduire l'esprit dans l'acte de 1848, mettre en présence une Assemblée unique, enivrée de sa toute-puissance, et un pouvoir exécutif désarmé, jalousé, c'était avec une science révolutionnaire des plus grandes, ou une ignorance plus merveilleuse encore, rentrer dans cette voie fatale qui mène forcément à une Convention nouvelle un peuple fatigué de l'anarchie des pouvoirs publics et de la faiblesse du gouvernement.

C'était au tour de la Convention de proposer une Constitution. Il lui était difficile de ne pas reconnaître d'une part qu'une Constitution n'a de valeur que par l'acceptation du peuple (c'est la ratification d'un mandat conditionnel), et d'autre

---

[1] *Moniteur*, t. XIII, p. 382.
[2] *Moniteur*, t XIV, p. 8.

part que le peuple, que rien ne peut lier envers lui-même, a toujours le droit de revenir sur l'acte qui le gêne.

Aussi le projet dont Condorcet fut le rapporteur déclare-t-il qu'*un peuple a toujours le droit de revoir, de réformer et de changer la Constitution, qu'une génération n'a pas le droit d'assujettir à ses lois les générations futures*; et, pour éviter l'usurpation possible du corps législatif, c'est au peuple même qu'on s'en remet du soin de décider s'il faut provoquer une Convention pour réformer ou retoucher la Constitution[1]. Il n'est plus question de délais, ni de formes particulières. Tout citoyen dont la proposition est appuyée par cinquante signataires de l'arrondissement peut requérir la convocation d'une assemblée primaire au dimanche le plus prochain. Si son opinion réunit la majorité, on convoque les assemblées de l'arrondissement de la commune, puis enfin, les assemblées du département. Dès que la majorité des assemblées primaires d'un seul département réclame la convocation d'une Convention nationale, c'est le devoir du Corps législatif de consulter la nation; s'il refuse, l'insurrection est légitime, car il y a violation de la souveraineté[2].

Le projet de Condorcet n'aboutit point, et ce fut la Montagne qui, à son tour, proposa une Constitution; mais, en ce qui concerne le droit de révision, elle adopta pleinement le principe absolu de la souveraineté populaire. La Constitution du 24 juin 1793 a copié en ce point Condorcet.

Déclaration des droits de l'homme et du citoyen.

ART. 25. La souveraineté réside dans le peuple; elle est une et indivisible, imprescriptible et inaliénable.

28. Un peuple a toujours le droit de revoir, de réformer et de changer sa Constitution. Une génération ne peut assujettir à ses lois les générations futures.

---

[1] *Moniteur*, t. XV, p. 484.
[2] Condorcet le dit dans son rapport. *Moniteur*, t XV, p. 460.

Je ne discute point le mérite de cette Constitution, qui fut suspendue dès le premier jour; je n'y vois que la déclaration des idées qui animaient alors la Convention. Quand, plus tard, après Thermidor, on voulut faire une Constitution nouvelle et qui durât, la Convention fit appel à toutes les lumières et à tous les dévouements; de toutes parts on lui présenta des projets, il y eut comme un déluge de Constitutions; mais, dans toutes, la souveraineté du peuple fut admise comme un principe au-dessus de toute discussion.

Parmi ces projets, je me contenterai de citer celui d'un ami de la liberté qui a laissé un nom justement honoré, c'est Boissy-d'Anglas, qui fut, plus tard, le rapporteur de la Constitution de l'an III [1].

Déclaration des droits de l'homme et des principes de toute organisation sociale.

ART. 25. Un peuple a toujours le droit de revoir, de réformer et de changer sa Constitution; une génération n'a pas le droit d'assujettir à ses lois les générations futures; la loi ne peut pas déterminer les formes d'après lesquelles la Constitution sera revue, modifiée ou changée; mais elle *peut inviter* le peuple à adopter provisoirement tel ou tel mode dans l'exercice de cette portion de sa souveraineté.

Titre XIII, art. 1er.

Le peuple ayant toujours, et *à chaque instant*, le droit de revoir, de corriger, de modifier sa Constitution, et de changer son gouvernement, il ne peut être gêné ou empêché *par aucune forme* dans l'exercice de ce droit, ni dans la manière de manifester sa volonté; mais la Constitution peut lui *proposer* les moyens propres à faciliter l'expression de son vœu et lui indiquer l'époque à laquelle une révision pourrait *entraîner le moins de dangers.*

ART. 9. La Constitution ne peut imposer aucune forme de délibérer, ni aucun mode d'organisation pour la Convention nationale, laquelle, dès l'instant de son rassemblement, est investie de tout l'exercice de la souveraineté nationale et supérieure à la Constitution elle-même.

[1] *Projet de Constitution pour la République française,* par Boissy-d'Anglas, imprimé par ordre de la Convention nationale.

Boissy d'Anglas a bien senti l'erreur dans laquelle est tombée l'Assemblée constituante, aussi ne se contente-t-il pas de
proclamer le droit imprescriptible du peuple; avec Condorcet,
il donne à la nation le moyen de réformer sa Constitution dès
qu'elle en souffrira, en reconnaissant à la majorité des assemblées primaires le droit de demander la formation d'une Convention nationale, sans que le corps législatif puisse se refuser
à cette pétition. Dans ce système le droit de la nation est complétement reconnu et suffisamment garanti.

Nous voici enfin arrivés en 1795, au moment où la France,
sanglante et épuisée, n'avait plus qu'un besoin, le repos.
Les excès des Assemblées l'avaient tellement dégoûtée de
ce gouvernement libre, qu'on lui avait toujours promis, sans
jamais le lui donner, qu'elle allait traverser le régime libé-
ral de l'an III pour se jeter entre les bras du despotisme. Cet
état de l'esprit public explique la conduite du législateur. Il
n'est même pas fait allusion, dans la discussion, au droit qu'a
le peuple de revoir sa Constitution. C'est au Conseil des
Anciens seul, c'est-à-dire à une partie du corps législatif,
qu'est confié le soin de demander la révision; et, pour qu'elle
ait lieu, il faut une proposition réitérée trois fois dans l'es-
pace de neuf années, et trois fois ratifiée par le Conseil des
Cinq cents; enfin l'Assemblée de révision ne peut s'occuper
que des seuls articles qui lui ont été désignés par le corps législatif. De la souveraineté on n'en dit rien, car on a peur du
lion endormi; ce qu'on veut, c'est la paix, le silence, l'immobilité. Ces législateurs naguère si fougueux, ces fanatiques de la
volonté populaire ressemblent à ces hommes qui, au lendemain
de l'ivresse, repoussent avec dégoût le vin généreux dont ils
ont abusé.

Est-ce bien cette charte foulée aux pieds le 18 fructidor,
le 22 floréal, le 30 prairial, et dont Boulay disait, au 18 bru-

maire, que de cette *Constitution tant de fois impunément violée il n'existait plus depuis longtemps que l'ombre et le cadavre* [1] ; est-ce bien, dis-je, cette charte qu'en 1848 on devait prendre pour modèle ? Comment nos législateurs, *si fidèles aux traditions de nos grandes Assemblées*, n'ont-ils pas vu qu'en ce point de la révision toute la tradition révolutionnaire protestait contre l'acte qu'ils ont servilement copié et qui n'a de républicain que le nom ? Au moins les conventionnels avaient une excuse ; ils soumettaient leur projet à la sanction du peuple. Si la nation se liait, c'était en quelque façon de ses propres mains ; et le législateur n'imaginait pas encore qu'on pût disposer du pays sans le consulter. On n'était pas moins ignorant en l'an VIII ; et plus tard, au milieu de nos désastres, la Constitution décrétée par le Sénat en 1814, l'acte additionnel donné par l'empereur en 1815, le projet de la Chambre des représentants pendant les Cent-Jours rendaient tous hommage à la souveraineté nationale. Que nos maîtres nous expliquent d'où leur est venu ce pouvoir étrange, que n'ont osé s'attribuer ni la Constituante ni la Convention, ni aucune de nos Assemblées de 1789 à 1815. Qu'ils nous disent qui leur a donné le droit d'engager l'avenir, et de lier la nation sans s'assurer de son consentement ? Louis XVIII, roi par la grâce de Dieu, n'avait pas besoin de consulter ses sujets sur les libertés qu'il leur octroyait de son bon plaisir ; mais la France, qui a déjà souffert tant de gouvernements, n'a pas encore accepté, que je sache, une république de droit divin ; et tant que sa volonté sera comptée pour quelque chose, il sera vrai de dire de l'article 111, qu'à moins d'être un conseil emprunté de la Constitution de 1791, c'est une violation sans exemple de cette souveraineté du peuple, contre laquelle on ne prescrit pas ; c'est par conséquent une usurpation nulle de droit.

[1] *Moniteur*, t. XXIX, p. 897.

HUITIÈME LETTRE.

L'Assemblée a le droit de consulter le pays quand et comme il lui conviendra.

Maintenant que nous avons vu ce que disent les principes, et comment la tradition républicaine les a toujours interprétés, je crois, mon ami, que vous appréciez ce fameux article à sa juste valeur. C'est un épouvantail qui n'est bon que pour effrayer les gens qui ne raisonnent point. Le bon sens nous dit que si la souveraineté du peuple est inaliénable et imprescriptible, ses mandataires n'ont pu ni l'aliéner, ni prescrire contre elle; qu'ils n'ont pas pu davantage engager la nation envers elle-même, et qu'enfin, cette Constitution que le peuple n'a pas ratifiée, n'a même pas cette apparence de légalité qui eût pu arrêter en d'autres temps. En outre, l'histoire nous apprend que cette prétention vaine d'enchaîner l'avenir, de pétrifier la nation, a toujours échoué; que toujours la liberté a brisé l'écorce sous laquelle elle étouffait, et que, dans toutes les Constitutions, le premier article qu'on viole est toujours celui qui en défend la violation; je crois la démonstration complète, et n'insisterai plus sur ce point.

Je n'essayerai pas davantage de répondre à cet argument que, si la nation est souveraine, ses représentants sont liés néanmoins par la Constitution. Ils sont liés sans doute, mais envers qui? envers le peuple; responsables devant qui? devant le peuple. S'il est de l'intérêt public qu'ils soient déliés, s'ils veulent dégager leur responsabilité, à qui peuvent-ils s'adresser, sinon à celui qui leur a donné le mandat? Considérez, d'ailleurs, que notre Constitution, bien moins républicaine, je ne dirai pas que la Constitution de 1793 (vous ne voudriez pas d'un tel exemple), mais que la Constitution américaine, ne donne point au pays un moyen légal de faire valoir sa volonté ; qu'il lui faut nécessairement l'aide de ses représentants pour qu'il parle ; que, par conséquent, ce n'est pas seulement un droit chez nos députés, mais un devoir de consulter la nation, dès qu'elle en témoigne le désir et le besoin ; et vous comprendrez mieux quel est le pouvoir de l'Assemblée.

La nation a toujours le droit de revoir et de corriger sa Constitution. C'est un principe que personne n'osera contester à la tribune. Or, elle ne peut manifester sa volonté que par une insurrection ou par une réponse à l'invitation de ses représentants. Donc ses représentants ont toujours le droit de la convoquer. Voilà, je crois, un syllogisme irréprochable. Encore une fois, en faisant appel au pays, ce n'est pas en vertu d'un privilége, d'une faveur constitutionnelle, qu'agissent les représentants ; c'est au nom de la nation qu'ils parlent, de la nation qui a toujours le droit d'être entendue. Quand ils la consultent, c'est en vertu d'un droit antérieur et supérieur à la Constitution, c'est en vertu de cette souveraineté qui domine toutes les lois politiques, et leur sert à toutes de base et d'appui.

« Admettons le principe, dites-vous, cela ne nous mènera « pas bien loin. Que la Chambre ait le droit de convoquer la « nation un peu plus tôt ou un peu plus tard, c'est chose peu « importante ; car, d'abord, il faut le consentement et l'accord « des trois quarts de l'Assemblée, ce qui est peu probable, et « ensuite, nous retomberons en face d'une Convention de neuf « cents membres, maîtresse absolue du gouvernement, comme « en 1793, de sinistre mémoire. Tout ce que nous gagne- « rons à ce système, c'est de prévenir la crise de 1852 en « la faisant éclater six mois plus tôt. C'est un certain avan-

« tage que d'épargner six mois d'inquiétude, et le mal est sou-
« vent moins fâcheux que la peur, mais nous sommes loin du
« résultat que vous espériez. »

Mon ami, c'est méconnaître la valeur des principes que de raisonner ainsi. Si l'article 111 est un conseil, l'Assemblée peut n'en
pas tenir compte ; s'il est inconstitutionnel, contraire à la souveraineté nationale, il est nul, et il n'y a point de prescription
contre le droit qu'a la nation de disposer d'elle-même, droit inséparable, dans son exercice, de celui qu'ont les députés de la
convoquer. Dans les deux cas, le fond cessant d'exister, la
forme tombe avec lui. Si les constituants n'avaient pas le
droit d'empêcher l'Assemblée actuelle de proposer au peuple
la révision, ils n'avaient pas davantage le droit de prescrire
les formes à suivre ; car, ces formes, à moins de les supposer
indifférentes, ont été calculées pour gêner le vœu national, et,
à ce titre, sont sans valeur, comme tout excès de mandat. Laissez de côté toute cette métaphysique constitutionnelle, avec laquelle, sous prétexte de fonder le gouvernement représentatif, on a emprisonné la souveraineté dans je ne sais quelles
entraves ; raisonnez simplement. Entre la nation souveraine et
ses mandataires qui ont besoin de la consulter, que peut-il
exister ? Quelle autorité intermédiaire supposez-vous ? — Mais,
la Constitution a prescrit certaines formes ? — Fort bien, c'est un
conseil qui peut avoir son utilité ; mais, du jour où ces formes
sont dangereuses, où elles gênent les relations des représentants et du pays, il les faut mettre de côté, car leur raison
d'être est l'intérêt public, et elles n'en ont point d'autre.
L'essentiel, c'est que la France soit franchement consultée,
qu'elle ait le temps de s'interroger, de raisonner ses désirs, ses
besoins, sa volonté ; toute forme est bonne qui garantit au
peuple le plein exercice de sa souveraineté ; toute forme est
mauvaise qui le gêne ou le fausse. Voilà les principes qu'a-

voue le bon sens; le reste n'est que subtilité et pis encore.

Qu'est-ce, par exemple, que cette majorité des trois quarts, exigée pour interroger le pays, sinon une violation manifeste d'une loi naturelle, sans laquelle la souveraineté ne peut s'exercer, je veux dire la loi de la majorité? N'est-ce pas le moyen de permettre à une minorité factieuse peut-être, de tenir en échec non pas seulement l'Assemblée, mais la nation? Qu'est-ce que cette souveraineté qui appartient à *l'universalité des citoyens, et dont aucune portion du peuple ne peut s'attribuer l'exercice*, s'il est permis à une poignée d'hommes embusqués derrière la Constitution, d'imposer leur volonté à tout un grand peuple pendant trois années? Où cette minorité puise-t-elle son droit? Dans la volonté nationale? Non, la nation n'a jamais consenti une telle servitude; s'y fût-elle résignée hier, qu'aujourd'hui elle aurait le droit de réclamer, car elle n'a pas contracté avec cette minorité de mandataires, et peut toujours lui imposer sa nouvelle volonté.

Cette disposition, qu'une assemblée n'a jamais admise pour ses propres délibérations, car elle aboutit au règne de la minorité, au renversement du principe même des gouvernements libres, fait une singulière figure dans une Constitution qui a exalté les priviléges de la majorité. A la pluralité d'une voix, d'une seule voix, l'Assemblée, chez nous, a le droit de faire la guerre, de supprimer un impôt, de mettre le Président en accusation, de se dissoudre, et elle serait liée par le mauvais vouloir d'une minorité pour la seule question qui soit au-dessus et en dehors de toutes les règles constitutionnelles, l'appel au pays! Cela est impossible et contraire à la Constitution même. Que veut dire, en effet, cette maxime que le peuple est souverain, sinon, qu'en France ce n'est pas un homme, ni une collection d'hommes, mais la majorité seule qui commande, l'intérêt du plus grand nombre qui fait la loi? La volonté de la

majorité, c'est la base de notre gouvernement et de notre
société. A qui peut-il appartenir de renverser ce principe fondamental? Non pas même à la nation. Encore moins à ses
mandataires, quand ils n'excipent ni d'un mandat, ni d'une
ratification. En insérant dans l'article 111 cette disposition
restrictive, qui fait prévaloir une oligarchie de passions mauvaises sur le vœu général, ils ont manifestement excédé leur
pouvoir. A moins d'être dans un pays d'où le raisonnement
bannisse la raison, quel législateur, quel représentant du peuple
donnera dans ce piége d'apparente légalité, qui cache une gros-
sière usurpation du droit de tous?

Une société politique, dit avec raison Sieyès, ne peut être que l'ensemble des associés. Une nation ne peut pas décider qu'elle ne sera pas
la nation ou qu'elle ne le sera que d'une manière, car ce serait dire
qu'elle ne l'est point de toute autre. De même, une nation ne peut statuer que sa volonté commune cessera d'être sa volonté commune. Il est
malheureux d'avoir à énoncer de ces propositions dont la simplicité pa-
raîtrait niaise, si l'on ne songeait aux conséquences qu'on veut en
tirer. Donc, *une nation n'a jamais pu statuer que les droits inhérents
à la volonté commune, c'est-à-dire à la pluralité, passeraient à la minorité. La volonté commune ne peut pas se détruire elle-même. Elle
ne peut pas changer la nature des choses et faire que l'avis de la minorité soit l'avis de la pluralité.* On voit bien qu'un pareil statut, au
lieu d'être un acte légal ou moral, serait *un acte de démence* [1].

D'ailleurs, que peut craindre la Chambre en consultant le
pays? D'être désavouée? Assurément non. Les Conseils généraux ont suffisamment témoigné du désir général. On criera à la
violation de la Constitution? L'Assemblée aura droit de crier
plus fort à la violation de la souveraineté, et en face du juge
populaire, cet argument sera plus puissant que toutes les

---

[1] *Qu'est-ce que le tiers État?* p. 174. 175.

subtilités. La France n'est pas si sotte, qu'on lui persuade aisément que ceux qui la consultent lui manquent de respect, et que
ceux qui la dédaignent, sont ses véritables protecteurs. Nous
avons beaucoup de gens d'esprit, et qui mystifient l'opinion
avec une suprême légèreté ; mais je doute qu'en ce point
l'habileté soit de mise, et notre éducation me paraît assez
avancée pour distinguer ceux qui respectent et honorent la souveraineté populaire de ceux qui n'en font qu'un marchepied
pour leurs intrigues, et la rejettent quand ils sont montés.

C'est une mesure bien grave?—Mais que fera la Chambre en
1852? S'il n'y a pas majorité des trois quarts pour la révision,
déclarerez-vous au pays qu'il vivra trois ans encore sous son
impossible gouvernement ? Attendez-vous alors à une explosion ;
soyez sûrs que, l'excès du mal amenant le remède, la France
fera sans vous ce que vous n'avez pas su faire pour elle. Qu'une
seule voix propose de donner aux nouveaux représentants un
mandat constituant, et au 1er mai 1852, la Charte de 1848
ira rejoindre ses devancières dans l'oubli. Nous serons encore une fois en présence d'une Convention d'autant plus redoutable qu'on l'aura nommée dans un jour de souffrance et
d'irritation. Que si, en 1852, la Chambre se sent le courage
d'user d'un droit inaliénable, d'un droit auquel elle ne peut renoncer, le droit qu'a le mandataire de recourir à son mandant,
si elle doit convoquer le pays, à la simple majorité, que ne le
fait-elle aujourd'hui, quand l'opinion est si bien disposée pour
accueillir toute réforme paisible, pour éloigner toute chance de
trouble, pour en finir avec la révolution?

Cette question du vote aux trois quarts n'a peut-être pas, en fait,
la gravité qu'elle a en principe; il est très-possible que les
partis, pressés par l'opinion, et impatients de changer, chacun
dans un intérêt différent, s'accordent à demander la révision.
En France, quand il ne faut que détruire, on réunit facilement

une majorité. Il se peut donc que la Chambre n'ait pas besoin du vote à la majorité simple; mais si elle aime sincèrement le pays, il lui faudra prendre une autre et plus décisive résolution. A moins d'être insensible aux maux déjà soufferts et aux menaces de l'avenir, il est impossible qu'elle accepte pour la France une Assemblée de révision, composée de neuf cents membres, devant qui cessent tous les pouvoirs. En un mot, il est impossible qu'elle laisse revenir la Convention.

Le droit de l'Assemblée est absolu en ce point comme dans tout le reste; car elle seule représente la nation, il n'y a de pouvoir supérieur au sien, que celui même du peuple. J'ignore si constitutionnellement il est des choses que l'Assemblée ne peut pas faire, mais il n'en est pas que le peuple ait pu s'interdire, et, par conséquent, dès qu'il est de l'intérêt public d'éviter une crise menaçante, cet intérêt fait le droit de l'Assemblée. Autrement, il faudrait prétendre que dans le mandat des représentants de 1848 était contenu le droit de condamner la France à souffrir et à se dissoudre en 1852. Mais est-ce qu'un tel mandat est possible? Est-ce qu'un pays peut deviner à l'avance quels seront ses besoins dans quatre ou six ans? Une nation peut-elle s'obliger envers soi-même à se déchirer de ses propres mains, quand il lui est aisé de se sauver par des moyens très-légitimes? Est-ce que les représentants actuels n'ont pas toujours le droit de préserver le pays d'un danger présent? N'est-ce donc pas leur premier devoir? Et pourquoi donc serions-nous condamnés à languir, à déchoir, à périr? Parce que nos représentants se sont trompés?

Quidquid delirant reges plectuntur Achivi.

C'est toujours la même folie, toujours la même illusion de l'amour-propre enivré de lui-même; il faut toujours s'écrier : O profondeurs de la métaphysique constitutionnelle! *O puissance de l'orviétan!*

Est-il vrai qu'une Assemblée de neuf cents membres, avec des pouvoirs indéfinis, soit un si grand danger pour la France? voilà le seul point qui mérite discussion. Je crois que tout homme sensé, et qui connaîtra l'histoire des révolutions, sera bientôt de mon avis.

Pourquoi une Assemblée de neuf cents membres, chiffre fatal qui rappelle celui de la Convention? *C'est*, dit M. Dupin dans son commentaire sur l'article 22, *pour que la Constitution ne soit pas modifiée par un nombre inférieur à celui qui l'a votée;* et il ajoute avec raison : *mais en vérité, je crois que même pour la révision, sept cent cinquante auraient suffi.* Tenu à moins d'égards que M. Dupin, je dirai que ce dernier chiffre est encore trop élevé, si l'on veut une discussion sérieuse, solide, qui ne dégénère pas. C'est une illusion commune en France, une erreur constitutionnelle acceptée comme tant d'autres, par irréflexion, qu'il y a dans le grand nombre une vertu particulière, et qu'une Assemblée considérable représente mieux la nation. En Amérique, où le Congrès fédéral n'est pourtant pas nombreux, on a l'idée contraire; à chaque recensement, malgré l'énorme augmentation des électeurs, on réduit le chiffre des représentants; l'expérience a confirmé la sagesse du système, et la raison se joint ici à l'expérience.

D'abord, une élection faite par un corps électoral nombreux a plus de sincérité, et comme les partis, n'y pouvant rien par leurs intrigues, n'attendent leur succès que de la propagande de leurs idées, il en résulte une émotion de bonne nature, qui force chaque électeur à se faire une opinion avant de voter. C'est surtout dans les circonstances présentes, qu'il est nécessaire d'exciter la volonté nationale, afin qu'elle se manifeste avec énergie; il faut que nos législateurs aient un mandat bien défini, que dès le pre-

mier jour, leur œuvre reçoive ce baptême de l'opinion, sans lequel toute Constitution est frappée de mort. Mais pour que chaque nomination soit l'expression certaine du vœu national, il
faut beaucoup d'électeurs et peu d'élus [1].

Ainsi, au début, l'avantage est au petit nombre ; mais une fois
l'Assemblée réunie, cet avantage est bien plus sensible encore.

Il ne faut pas sans doute qu'une Assemblée soit une Commission, car alors la corruption peut y pénétrer; il y aura de
tels intérêts engagés dans la révision de la Constitution, qu'on
ne doit pas soumettre à des tentations trop fortes une poignée
d'hommes chargés des destinées du pays; mais il faut bien
moins encore que l'Assemblée soit une foule, car une foule se
livre à toutes les passions, à tous les entraînements avec une
force irrésistible. La maladresse d'un orateur, la trop grande
habileté d'un autre, l'appel à des sentiments généreux qu'on
surexcite mal à propos, la chaleur de la discussion, l'aveuglement
des partis, mille causes diverses mais toutes dangereuses, em-
portent les Assemblées nombreuses et n'y laissent point de place
à la réflexion. D'un corps de neuf cents membres, on ne peut
attendre que la confusion. Le pays perd à ce système, loin d'y
gagner, car la responsabilité des représentants étant infiniment
moindre, l'indépendance est moins grande, et l'effort personnel

[1] Je suppose qu'on ne conservera pas le scrutin de liste, cette mystification de
la souveraineté populaire. Je ne veux pas étendre indéfiniment une discussion
déjà trop longue; mais il est évident que faire nommer dix ou vingt députés ensemble, par des cantons qui ne les connaissent pas, c'est assurer la pré-
pondérance de dix minorités réunies, par conséquent c'est exclure la majorité,
ou la véritable opinion. Si l'élection de l'Assemblée de révision se fait suivant
les principes républicains, par circonscriptions de même grandeur ou plutôt de
même population, nommant chacune un représentant, cette Assemblée sera la
représentation fidèle de la France. Si la nomination se fait par scrutin de liste,
deux partis réunis fausseront l'élection, sauf à se disputer le pouvoir après la
bataille. Nous retomberons dans les maux dont nous souffrons aujourd'hui.

nécessairement moins énergique; la valeur de l'individu s'affaiblit, celle des coteries et des partis augmente, double danger pour la nation. Nous en avons vu plus d'un exemple dans l'Assemblée d'aujourd'hui, et l'histoire de la Constituante et de la Convention nous ont laissé, sur ce point, une instruction payée assez cher pour que nous ayons le droit d'en profiter.

Qui mieux que vous, disait Boissy d'Anglas à la Convention, dans son rapport sur la Constitution de l'an III, qui mieux que vous pourrait nous dire quelle peut être dans une Assemblée l'influence d'un individu? Comment les passions qui peuvent s'y introduire, les divisions qui peuvent y naître, l'intrigue de quelques factieux, l'audace de quelques scélérats, l'éloquence de quelques orateurs, cette fausse opinion publique dont il est si aisé de l'investir, peuvent y exciter des mouvements que rien n'arrête, occasionner une précipitation qui ne rencontre aucun frein, et produire des décrets qui peuvent faire perdre au peuple son bonheur et sa liberté [1]?

L'exemple de la Convention n'est point applicable, dira-t-on, car si on n'a pas craint de lui ressembler par le nombre, on a eu bien soin de limiter la durée et les pouvoirs de l'Assemblée; *elle n'est nommée que pour trois mois; elle ne devra s'occuper que de la révision pour laquelle elle aura été convoquée.* Ce bienheureux article 111 a tout prévu!

Fort bien, mais quelle est la sanction de cet article? L'Assemblée n'est nommée que pour trois mois; mais qui l'empêchera de se prolonger et de traîner son travail aussi longtemps qu'elle voudra? Qui a le droit de s'y opposer [2]? Où est

---

[1] Il faut lire le passage dans son entier; c'est une peinture de la Convention dont on ne peut contester l'authenticité, et qui en dit plus que toutes les histoires modernes sur l'entraînement et l'égarement de cette Assemblée.

[2] « Fixer par la Constitution un terme à la représentation nationale qui vient « créer une Constitution nouvelle, c'est oublier tous les principes de la souverai- « neté du peuple. » Boissy d'Anglas, 18 juin 1795, *Moniteur*, t. XVI, p. 688.

le pouvoir supérieur qui peut la brider? Qui prononcera sa dissolution et qui l'exécutera? Ce ne sera pas le président, qui dépend d'elle à chaque heure du jour, puisqu'il suffira d'un vote pour supprimer la présidence. Que nous reste-t-il donc contre une usurpation et une tyrannie possible? L'éternelle ressource d'une insurrection !

« Mais pourquoi supposer que l'Assemblée violera la Consti-« tution? Quel intérêt a-t-elle à se proroger, puisqu'elle ne doit « s'occuper que de la révision, et seulement même de la révision « partielle, pour laquelle elle aura été convoquée ? » Heureuse ignorance, qui suppose qu'on décrète la sagesse et la modération par un article de loi! Comme cette Assemblée toute-puissante, et sans maître, se croira obligée d'écouter les législateurs de 1848, dont les pouvoirs ne valaient pas mieux que les siens, ou les législateurs de 1851, qui n'avaient qu'une autorité inférieure! Mais elle n'aura même pas besoin d'usurper ; nos constituants, avec une prudence admirable, ont permis, dans le second paragraphe, ce qu'ils avaient défendu dans le premier : *Néanmoins, elle pourra, en cas d'urgence, pourvoir aux nécessités législatives.* Et, qui sera juge de cette urgence? L'Assemblée elle-même. Soyez donc bien sûr que toutes les fois que son intérêt ou ses passions seront en jeu, il y aura urgence. Demandez à nos législateurs !

Mais n'admirez-vous pas jusqu'où l'on peut aller dans le faux, sans s'en apercevoir, une fois qu'on abandonne les principes? Suivez la série de propositions qu'établit ou que suppose la Constitution, et demandez-vous qui s'abuse, ou qui cherche-t-on à abuser?

ART. 1er. La souveraineté réside dans l'universalité des citoyens français.

Elle est inaliénable et imprescriptible.

Aucun individu, aucune fraction du peuple ne peut s'en attribuer l'exercice.

Voici le principe, ou, si vous voulez, la majeure du syllogisme ; il n'est pas malaisé d'en tirer la mineure et la conclusion ; un enfant le ferait, après deux jours de logique.

La souveraineté est inaliénable ;

La Constitution est l'exercice principal, la manifestation même de la souveraineté ;

Donc le souverain et le souverain seul a toujours le droit de toucher à la Constitution.

Voilà un raisonnement trop simple pour nos législateurs, et d'un principe aussi clair ils déduisent une tout autre série de conséquences.

Le peuple seul est souverain ;

Donc ses mandataires ont eu le droit de le lier, en excédant leur mandat, en statuant pour une époque où leur pouvoir aura cessé depuis longtemps.

Il a toujours le droit de toucher à la Constitution et de la changer de fond en comble.

Donc il lui est défendu d'y toucher autrement que dans une certaine forme, et avant tout il lui faut l'agrément d'une minorité imperceptible de cent soixante-trois personnes et même de cent vingt-six seulement, car cette minorité a constitutionnellement le droit de tenir en échec la volonté nationale (art. 111).

Le peuple seul est souverain ;

Donc une Assemblée de révision nommée par le peuple, avec plein pouvoir constituant, ne pourra toucher qu'aux parties de la Constitution désignées par une Assemblée législative qui n'a jamais eu le pouvoir constituant. Cette Assemblée a, par son *veto*, le droit d'enchaîner la souveraineté ; si, par exemple, le pays veut deux Chambres, elle peut lui interdire cet espoir ; elle est constituante *négativement*, non parce qu'elle établit, mais parce qu'elle peut empêcher d'établir. Et c'est en vertu d'une délégation plus que douteuse, qu'elle a ce droit d'entraver la volonté formelle de la nation.

Le peuple souverain ayant besoin d'une Constitution mûrement étudiée, faite par des hommes tenus à l'écart des entraînements et des égarements de l'ambition, il lui est ordonné de remettre ses destinées à une Assemblée, non, je veux dire à une foule qui sera emportée par toutes les passions.

Le peuple souverain, redoutant par expérience l'usurpation des Assemblées, ayant horreur d'une Convention, on lui imposera une Convention nouvelle avec les mêmes pouvoirs et les mêmes causes de désordre, d'usurpation et de tyrannie.

Le peuple souverain demande la paix après la guerre civile, le repos après tant de stériles agitations, le droit de travailler et de vivre après tant de misères. Nos législateurs ne veulent pas entendre la voix de ce roi détrôné; et, sans pitié, ils le poussent vers de nouvelles révolutions, car la Constitution l'ordonne, et le peuple est fait pour elle!

Et nous nous moquons de la scolastique du moyen âge! Et nous citons avec pitié, avec dédain, les querelles des Grecs discutant sur la lumière créée ou incréée du mont Thabor, pendant que le Musulman est aux portes de Constantinople! Mais, insensés que nous sommes, l'ennemi est chez nous, dans le cœur de la place; la paix est à la surface, l'anarchie est dans le fond; l'incendie couve, gagne et va bientôt éclater; cependant nous discutons, non pas les moyens de salut, ils sont à la portée de tous, mais s'il est permis de nous sauver. Croyez-vous qu'à Byzance on fût plus ridicule, plus fou, ou plus coupable!

NEUVIÈME LETTRE.

Que faut-il faire pour prévenir la crise de 1852 ? — Ce que c'est
qu'une Assemblée de révision.

J'ai déblayé le terrain des sophismes constitutionnels dont
on l'encombre pour effrayer les simples et les ignorants; j'ai
tout ramené à un seul principe aussi évident que fécond : *La
nation est souveraine; elle a donc le droit de toucher à sa Constitution quand et comme il lui plaît, car gouvernements et
Constitutions sont faits pour elle, et uniquement pour elle.
Dès qu'elle en souffre, elle a le droit d'en changer.*

Maintenant, à qui appartient-il d'élever la voix au nom de
la France ? Qui a le droit de la consulter et de la réunir, sinon
ses représentants actuels, ceux qui connaissent ses besoins
et ses désirs ? S'il n'y a pas eu conquête en 1848, c'est évidemment au peuple d'aujourd'hui qu'il appartient d'ordonner
la révision, d'en fixer le mode et la durée, car c'est pour lui
seul qu'il agit, et il n'a pas d'engagement envers le peuple, et
encore moins envers les députés de 1848; par conséquent,
c'est aux mandataires, aux représentants de 1851 qu'il appartient de consulter le pays sur cet intérêt suprême, et dans les
formes qui leur paraissent les meilleures. Rien ne peut les
lier, car ils sont au droit du peuple, dont la souveraineté
est illimitée. Entre eux et la France, il n'y a point d'intermédiaire; leur autorité est absolue, car c'est la nation qui
parle par leur bouche et veut par leurs décrets. Toute la
question est donc que les mesures soient prises dans l'intérêt
évident du pays, qu'elles appellent tous les citoyens à voter

en liberté, qu'elles facilitent la sincérité des suffrages, en deux mots, qu'elles obtiennent le vœu national dans toute sa pureté, dans toute sa force. A ce prix, leur légitimité est incontestable; nul sophisme n'obscurcira cette éclatante vérité.

L'Assemblée reconnue souveraine, que doit-elle faire? quelles sont les mesures les mieux calculées pour obtenir sans mélange la volonté nationale, celles que ratifiera l'opinion publique? Je m'expliquerai sur ce point avec la même franchise. Quand le navire fait eau, le moment est passé des belles paroles et de la modestie; chacun donne son moyen, laissant à l'intérêt commun, éclairé par le péril, le soin de reconnaître où est le salut.

Il faut à la France ce que lui promettaient les législateurs de l'an III après les épreuves sanglantes de 1795, ce que possède l'Amérique, une simple Assemblée de révision, uniquement chargée de préparer et de proposer au pays une Constitution. Une telle Assemblée n'a rien de commun ni avec la Constituante ni avec la Convention.

En France, ce nom de Convention porte avec soi l'épouvante, car il rappelle l'usurpation de tous les pouvoirs, et la plus abominable tyrannie, celle d'une Assemblée sans responsabilité ni politique ni morale. En Amérique, ce nom est tout à fait inoffensif. D'où vient cette différence? C'est qu'aux États-Unis on a enfermé l'œuvre des Conventions dans ses véritables limites. On a senti que c'était folie de charger un même corps des préoccupations journalières du gouvernement et du soin de faire une Constitution, de mettre aux prises l'ambition de l'homme et le désintéressement du législateur. Pourquoi d'ailleurs suspendre la vie régulière d'une nation par cette réunion exorbitante de tous les pouvoirs dans de mêmes mains? N'est-ce pas, comme l'atteste l'histoire, dépouiller le peuple de sa souveraineté, en poussant ses délégués à l'usurpation? A quoi bon un mandat universel quand l'objet est distinct et spécial? Pourquoi se jeter tête baissée dans des hasards qu'il est aisé d'éviter, en écartant du législateur des tentations trop fortes, en ne lui donnant qu'un pouvoir dont il lui soit impossible d'abuser? Cette théorie de l'omnipotence du Corps constituant est encore une de ces mille erreurs constitutionnelles dont on a embarrassé et faussé notre esprit. On voit la nation dans ses mandataires, et c'est par cette belle raison qu'on leur donne une autorité absolue sur ce pays dont ils doivent toujours dépendre. C'est au nom de la volonté générale et de la souveraineté populaire, qu'on impose au peuple la tyrannie par un sophisme.

Non, les représentants du pays ne sont pas le pays même ; c'est là une idée destructive de la démocratie et des principes républicains ; les constituants ne sont que des mandataires à titre particulier, n'ayant que des pouvoirs définis, et rien n'empêche la nation de réduire le mandat suivant son intérêt. Loin d'abdiquer par cette sage et prudente conduite, c'est ainsi, tout au contraire, qu'en assurant la responsabilité de ses agents, elle sauvegarde sa souveraineté.

Cette doctrine est de toute évidence, et ce qui nous a manqué jusqu'à présent, c'est moins d'en avoir reconnu le mérite, que de n'avoir point su trouver les moyens d'exécution.

Une Assemblée chargée de faire ou de préparer une Constitution, disait Daunou en 1793 [1], mutile et paralyse par sa seule existence toutes les autorités qui sont autour d'elle, est trop facilement entraînée à confondre le droit de créer et de modifier chaque pouvoir avec le droit de l'exercer immédiatement ; elle devient une puissance énorme et dictatoriale qui ne peut pas être longtemps salutaire. C'est une autorité presque nécessairement despotique, et tellement contre nature, qu'elle opprime ceux même qui l'exercent.

[1] *Essai sur la Constitution*, Paris, 1793, p. 55.

Daunou proposait de limiter à trois mois la durée des Conventions, système adopté par la Constitution de 1848, mais qui est illusoire, car rien n'empêche l'Assemblée de s'affranchir de ces limites, et on ne change pas ainsi le caractère naturellement despotique d'un corps sans contre-poids.

Le Comité de Constitution qui prépara l'acte de 1793, et qui voyait de près les abus d'un pouvoir sans bornes, avait mieux reconnu le mal, et mieux compris le remède en proposant de ne donner aux Conventions futures qu'un mandat défini, et de laisser subsister les pouvoirs ordinaires.

Le moment de la réforme d'une Constitution, disait Condorcet dans son rapport, serait celui d'une commotion intérieure, si tout à coup on voyait s'élever un corps de représentants revêtus des pouvoirs réunis de faire des lois et de présenter un plan de Constitution, puisque cette accumulation de pouvoirs lui donnerait l'idée de se mettre d'avance au-dessus de cette Constitution qu'il va changer.

Mais on évitera cet inconvénient en laissant tous les pouvoirs subsister sous leurs formes anciennes jusqu'au moment où la Constitution nouvelle aurait été acceptée, en chargeant du soin de la rédiger et de la présenter au peuple une Assemblée moins nombreuse, tenant nécessairement ses séances dans une autre résidence, élue pour cette seule fonction, et ne pouvant en exercer aucune autre. Des limites ainsi posées ne peuvent être transgressées. La fonction purement théorique d'examiner une Constitution, de la réformer pour la présenter à une acceptation avant laquelle cette Constitution n'est encore qu'un ouvrage de philosophie, n'a rien de commun, rien qui puisse se confondre avec la fonction active de faire des lois de détail, provisoirement obligatoires, et de prendre des mesures d'administration générale immédiatement exécutées [1].

La question fut discutée le 18 juin 1793 ; Ramel-Nogaret défendit le projet du Comité.

Si, dit-il, vous cumulez sur les mêmes têtes les fonctions législatives et les fonctions conventionnelles, la Convention, croyant exer-

---

[1] *Moniteur*, t. XV, p. 471.

cer la plénitude du pouvoir national, renversera l'édifice politique.
Si, au contraire, vous conservez auprès d'elle un Corps législatif, il
conservera la Constitution et les lois, tant que le peuple ne les aura
pas changées. *Alors on ne pourra renverser la Constitution qu'après
qu'une autre loi lui sera substituée, et vous saurez le peuple de l'état
d'anarchie qui est la suite nécessaire du défaut absolu de gouvernement* [1].

L'opinion du Comité fut vivement attaquée par Robespierre,
esprit faux par excellence, mais de cette fausseté particulière
aux géomètres, quand ils transportent dans la politique des
méthodes faites pour une science où les principes étant in-
variables, et vrais d'une vérité absolue, n'ont jamais besoin
d'être prouvés. Robespierre a foi dans les paradoxes de Jean-
Jacques ; ce sont pour lui des axiomes ; de ces erreurs vi-
sibles il tire des erreurs nouvelles, avec une logique qui ne
s'arrête jamais devant l'énormité des conséquences. Il est le
type de ces hommes d'État intrépides, qui croient qu'une
Constitution se construit avec un syllogisme, et qu'on gouverne
les peuples non pas en interrogeant l'expérience, mais de façon
bien plus simple, avec un raisonnement.

ROBESPIERRE. Quand la liberté règne, les plus grands dangers sont les
secousses politiques. Or, il est impossible qu'une Convention existe en
même temps qu'un Corps législatif, sans produire ces secousses (?). Un
peuple qui a deux espèces de représentation cesse d'être un peuple unique [2]. Une double représentation est le germe du fédéralisme et de la guerre
civile (?). Qu'on ne me dise pas qu'elles auraient des fonctions différentes,
cette objection est sans force (?) ; l'une s'armerait de la Constitution
existante, et l'autre de cet intérêt plus vif que prend un peuple à de
nouveaux représentants. La lutte s'engagerait [3], la rivalité éveillerait des

[1] *Moniteur*, t. XVI, p. 087.
[2] Un homme qui a deux volontés diverses sur deux objets différents n'est pas
alors un homme unique, non plus que celui qui a deux mandataires pour deux
affaires distinctes.
[3] Sur quel terrain si les attributions sont diverses ?

haines, et les ennemis de la liberté profiteraient de ces dissensions pour
bouleverser la République, pour la fédéraliser ou rétablir la tyrannie.

D'ailleurs, la durée des Conventions nationales sera courte, et je ne
vois pas quel inconvénient on trouve à leur remettre pour si peu de
temps le soin de prononcer quelques décrets. N'avons-nous pas eu déjà
deux Conventions nationales qui ont réuni ces pouvoirs? Et ce sont elles
qui ont fait la révolution, ce sont elles qui ont maintenu la liberté
publique [1]! Ce n'est point leurs pouvoirs qui ont eu des inconvénients,
c'est la manière dont elles étaient composées [2].

Ainsi, pour étouffer un germe éternel de divisions, pour éviter le
fédéralisme et la guerre civile, je demande la question préalable sur
l'article.

***. Rien n'importe plus à la liberté que de bien séparer les pouvoirs;
rien n'importe plus au despotisme que de les réunir. Que m'importe,
à moi, le despotisme de plusieurs ou d'un seul, si c'est toujours le despotisme? Que m'importe qu'on l'appelle Convention nationale ou dictature,
si ses effets sont les mêmes? Il faut nous garantir de l'un et de l'autre,
c'est l'objet de l'article du Comité [3].

Ces dernières réflexions étaient vraies et profondes, mais
Robespierre faisait appel aux passions pour cacher tout ce
qu'il y avait de faux et de creux dans ses arguments, Robespierre criait au fédéralisme et à la tyrannie, tout en glorifiant
la Convention ; il était bien naturel que dans une Assemblée de
neuf cents membres, d'aussi grands mots l'emportassent sur
d'humbles raisons. L'article fut supprimé, et le despotisme
réservé aux futures Conventions pour éviter *le rétablissement
de la tyrannie.*

[1] La preuve est plus naïve que concluante.

[2] C'est le grand argument révolutionnaire, qui de Robespierre a passé dans
l'école. Jamais le mal ne vient de l'ignorance ou de la passion des véritables
démagogues, la faute en est toujours à leurs adversaires, *aux ennemis du peuple,*
fédéralistes, royalistes, etc. Avec un lieu commun de cette force, on est sûr de
n'avoir jamais tort, et l'on se dispense d'avoir raison.

[3] *Moniteur,* t. XVI, p. 687.

En 1795, la discussion fut plus sérieuse. Au sortir des désordres de la Convention, on avait le sincère désir de donner le repos à la France en la dotant d'une bonne Constitution. L'œuvre des législateurs de l'an III est une œuvre de bonne foi, et s'ils ont échoué, c'est qu'ils avaient derrière eux un passé qui les écrasait. Leur système, en ce qui touche le droit de révision, se compose de deux parties distinctes : l'une qui gêne et ralentit le vœu national ; l'autre qui, une fois ce vœu manifesté, en règle l'exercice. J'ai combattu plus haut des dispositions attentatoires à la souveraineté [1] ; mais la seconde partie, qui ne tient en rien à ce qui précède, me paraît tout à fait digne d'éloges et d'imitation. Evidemment Daunou et ses amis se sont inspirés de l'exemple de l'Amérique, et ce retour vers la législation des Etats-Unis, de la part d'hommes qui ont passé par les rudes épreuves de la Constituante et de la Convention, est un grand argument en faveur de la sagesse de l'institution qu'ils proposent.

C'est celui que je recommande à l'attention publique, en le débarrassant de quelques détails inutiles, en le ramenant à la simplicité originelle des Constitutions américaines.

Comme les Américains, les législateurs de l'an III voulaient que l'Assemblée de révision fût peu considérable; ils la composaient de deux membres par département, ce qui, à 87 départements, ne donnait que cent soixante-quatorze constituants ; et notez bien que c'étaient les neuf cents Conventionnels qui établissaient cette nouveauté. L'élection se faisait suivant les formes ordinaires, c'est-à-dire par le suffrage universel des citoyens inscrits sur les registres civiques, ayant demeuré depuis un an sur le territoire de la république, et payant une contribution directe quelconque; mais tout le monde n'était pas

---

[1] Voyez lettre septième, page 215.

7

éligible à l'Assemblée de révision. Il fallait réunir les mêmes
conditions que celles exigées pour le Conseil des anciens[1], et
ces conditions étaient sévères : être âgé de quarante ans ac-
complis, être marié ou veuf, avoir habité le territoire de la république pendant les quinze années précédant l'élection, pos-
séder une propriété foncière depuis un an au moins.

Voici maintenant toute la série de précautions que prend la
Constitution pour prévenir l'usurpation de l'Assemblée de révision, tout en assurant son indépendance.

Art. 340. Le Conseil des Anciens désigne pour l'Assemblée de révision un lieu distant de vingt myriamètres (50 lieues) au moins de celui
où siége le Corps législatif.

341. L'Assemblée de révision a le droit de changer le lieu de résidence, en observant la distance prescrite par l'article précédent.

342. *L'Assemblée de révision n'exerce aucune fonction législative ni
de gouvernement;* elle se borne à la révision des seuls articles constitutionnels qui lui ont été désignés par le Corps législatif[2].

343. Tous les articles de la Constitution[3], sans exception, continuent
d'être en vigueur, tant que les changements proposés par l'Assemblée
de révision n'ont pas été acceptés par le Corps législatif.

344. Les membres de l'Assemblée de révision délibérent en commun.

345. Les citoyens qui sont membres du Corps législatif au moment où
une Assemblée de révision est convoquée ne pourront être membres de
cette Assemblée.

346. L'Assemblée de révision adresse immédiatement aux assemblées
primaires le projet de réforme qu'elle a arrêté.

Elle se dissout dès que ce projet leur a été adressé.

347. En aucun cas, la durée de l'Assemblée de révision ne peut ex-
céder trois mois.

349. L'Assemblée de révision n'assiste à aucune cérémonie publique;

---

[1] Constitution de l'an III, tit. XIII, art. 539. *Moniteur*, t. XXV, p. 575.

[2] Restriction illégitime et impossible. Voyez *suprà*, lettre sixième.

[3] Et, par conséquent, tous les pouvoirs qu'elle institue.

ses membres reçoivent la même indemnité que celle des membres du
Corps législatif.

550. L'Assemblée de révision a le droit d'exercer ou de faire exercer
la police dans la commune où elle réside.

C'est une puissance tellement redoutable qu'une Assemblée qui réunit
tous les pouvoirs, disait Boissy d'Anglas, le rapporteur de la Constitution,
qu'il nous a paru indispensablement nécessaire d'empêcher que celle
qui revisera soit en même temps chargée d'une autre fonction. Éloignée
de l'Assemblée législative, elle s'occupera, dans le silence, de l'objet qui
lui a été confié ; et, jusqu'à ce que son travail ait été adopté, les pouvoirs publics seront exercés conformément aux précédentes lois ; dès
qu'elle aura terminé ce travail, et au moment de sa séparation, elle l'a-
dressera à ces mêmes pouvoirs, qui seront tenus de le faire publier,
de le soumettre à l'acceptation du peuple, et d'en assurer l'exécution [1].

Otons quelques idées qui ont vieilli ; point de limites à la liberté
de l'électeur, point d'exclusion dans le choix des représentants ;
c'est dépasser le droit du législateur. Dans un cas pareil, les lois
américaines, bien autrement sages que les nôtres, et bien plus
respectueuses pour la souveraineté, suspendent toutes les in-
compatibilités parlementaires ; et en effet, s'il y a des inconvénients à prendre certains fonctionnaires pour législateurs
ordinaires, il n'y en a point à les envoyer dans une Assemblée constituante qui a besoin de toutes les lumières et de
tous les dévouements. Ainsi donc, et à plus forte raison, point
de condition particulière, ni d'âge, ni de cens. C'est aux électeurs qu'il appartient de se pénétrer de l'esprit des constituants
de l'an III, de choisir des hommes mûrs par l'âge ou par le
jugement, et qui, par leur fortune, leur position ou leur
caractère, aient le goût de l'ordre et de la paix ; des hommes
enfin qui n'aient rien à gagner et qui aient tout à perdre au

[1] *Moniteur*, t. XXV. p. 109.

jeu sanglant des révolutions. Surtout, gardons-nous de demander que les membres du Corps législatif ne fassent pas partie de l'Assemblée de révision. La France n'est pas si riche en hommes d'État qu'elle en ait de rechange, et de toutes les exclusions, celle-là serait la plus funeste. Ce serait recommencer la folie de la Constituante, abdiquant devant la Législative par un excès de délicatesse qui nous a valu la Convention. Pleine liberté pour les électeurs, c'est le seul moyen que rien ne trouble la sincérité de la Constitution. Il faut qu'elle soit pour tous l'expression incontestée du vœu national.

Après avoir écarté toutes ces formalités vaines que n'ont jamais reçues les Américains, à qui on ne peut refuser l'habitude et le goût de la souveraineté populaire, que nous restera-t-il de la Constitution de l'an III? Quatre grands et excellents principes, à quoi je réduis la solution du problème : 1° Maintien des pouvoirs ordinaires; 2° une Assemblée constituante sans autre mandat que la révision; 3° cette Assemblée peu nombreuse; 4° la ratification du pays.

J'ai suffisamment discuté les trois premiers points. Le quatrième demande quelques mots. Quand je parle de la ratification du pays, j'entends une adhésion effective, raisonnée, et non pas ces acclamations ou ces signatures que les gouvernements obtiennent toujours quand ils en ont besoin.

« Eh bien! Garat, disait Danton, après le vote de la Consti- « tution de 1793, laissez donc là votre ennuyeuse modération ; « hâtez-vous de prendre toutes les mesures pour envoyer par- « tout cette Constitution, pour la faire partout accepter ; faites- « vous donner de l'argent et ne l'épargnez pas, la république « en aura toujours assez.—S'il ne tient qu'à cela, répondait le « ministre de la justice, reposez-vous-en sur moi. Je sais que « penser de la Constitution qu'on nous donne; mais son accep- « tation me paraît l'unique moyen de sauver la république, et

« je vous garantis sur ma tête qu'elle sera acceptée[1]. » Elle
le fut, en effet, à la presque unanimité[2]; on sait combien de
temps dura ce *symbole de la vertu et du bon sens*[3], qui devait
sauver la France régénérée.

Ce n'est point une répétition de cette farce impie que je demande, mais je voudrais qu'en chaque département on pût réunir en Conseil général un certain nombre de délégués[4] chargés
non-seulement d'accepter la Constitution, mais de proposer les
amendements jugés nécessaires. Ces amendements ne lieraient,
du reste, l'Assemblée de révision qu'autant qu'ils réuniraient la
majorité des départements; des autres elle en tiendrait compte
suivant leur importance. Mais ainsi, du moins, la voix du
pays serait entendue; la loi de tous serait vraiment l'œuvre de
tous.

Je ne donne qu'une indication; l'Assemblée jugera du mérite
de cette idée. Consulter la France après la Constitution faite,
est chose essentielle; quant à la forme la plus convenable,
c'est à nos législateurs qu'il appartient de la déterminer. Ce
n'est pas, du reste, une nouveauté que je propose, car c'est
ainsi que fut faite la Constitution fédérale, cette Constitution
modèle des États-Unis, qu'il nous faut bien admirer, puisqu'elle
a donné à l'Amérique soixante ans de liberté et de grandeur.
Discutée dans un Congrès de quarante personnes, elle fut soumise au vote de chacun des treize États, qui nommèrent
des Conventions particulières et peu nombreuses pour l'examiner. Nous avons le recueil de ces discussions, c'est le

[1] *Mémoires sur la Révolution*, par D. J. Garat. Paris, l'an III de la République, p. 105.

[2] Rapport de Gossuin, du 9 août 1793. *Moniteur*, t. XVII, p. 365.

[3] C'est l'expression dont se sert Gossuin dans son rapport.

[4] Pourquoi pas un délégué par canton ? Ce serait une représentation sérieuse
et qui, ainsi fractionnée, n'offre que des avantages sans danger.

manuel des législateurs américains [1]. Les patriotes qui avaient
fait accepter la Constitution par la Convention de Phila-
delphie, réunis à ceux qui, sans l'approuver dans son ensemble, voyaient cependant le salut du pays dans son adoption, allèrent dans ces assemblées d'États défendre l'œuvre
commune avec autant de courage que de talent. Ils intéres-
sèrent tous les citoyens à l'examen de la Constitution, et en
firent pénétrer l'esprit jusque dans les dernières classes de la
population. Il y eut un assez grand nombre d'amendements
proposés; mais très-peu qui réunirent l'assentiment général,
et ce petit nombre d'articles additionnels joints à l'acte fédéral assurèrent son succès et sa popularité. Noble exemple de
respect pour la souveraineté populaire, et qui a porté bonheur
au pays où, pour la première fois, des législateurs ont compris
leur devoir !

C'est à l'Assemblée qu'il appartient de suivre ce modèle,
d'épargner à la France des secousses nouvelles, d'écarter de
la révision toutes ces causes d'effroi que réveille si justement
l'idée d'une Convention. Tandis qu'elle garde avec le président la plénitude du pouvoir, elle peut faire nommer une
Assemblée de révision peu nombreuse et avec un mandat défini, assurer ainsi une discussion paisible, complète, sans le
trouble inséparable des passions et des ambitions en jeu. Elle
peut consulter le pays en lui soumettant le plan proposé,
écouter sa voix, et lui garantir, comme Washington et ses amis
firent pour l'Amérique, une Constitution vraiment libre et
vraiment nationale. Ce sera la première fois que la France,
maîtresse de ses destinées, en paix avec ses voisins et avec
elle-même, décidera sérieusement du gouvernement qui lui
convient. Lui donner cette liberté, lui garantir cette pleine

---

[1] Elliot, *The debates in the several State Conventions on the adoption of the
federal Constitution*. Washington, 1836, 4 vol. in-8°.

possession d'elle-même, assurer le respect de tous par la souveraineté de tous, n'est-ce pas une œuvre vraiment républicaine? Où seront les vrais patriotes, parmi ceux qui s'inclineront devant la volonté nationale, ou parmi ces prétendus observateurs de la Constitution, qui, dédaigneux du vœu général, jetteront l'avenir de la France à tous les vents et à tous les orages des passions conjurées?

Voyez-vous maintenant à quoi peut se résoudre cette question inquiétante de la révision, et comment, avec plus de déférence pour le pays, et en lui laissant une part beaucoup plus grande dans la gestion de ses affaires, il est possible de faire d'un instrument de guerre et de révolution un gage de paix et de sécurité? Tout se réduit à séparer ce qui doit être distinct, à éviter ce mélange, cette confusion de pouvoirs qui, chez nous, a toujours perdu la liberté par l'usurpation du Corps législatif; tout se borne à obtenir qu'une Assemblée de révision soit uniquement et simplement une Assemblée de révision, c'est-à-dire la réunion des hommes les plus considérables, discutant avec calme et respect le gouvernement qui répond le mieux aux besoins et au vœu de tous.

Dans mon système, la Chambre actuelle, maîtresse absolue de consulter le peuple quand et comme elle voudra, peut demander prochainement au suffrage universel une Assemblée de révision dont elle-même fixera le chiffre dans sa sagesse, de façon à éviter les passions d'une foule, et les intrigues d'une Commission. L'élection faite en toute liberté, sans exclusion de personne, il y aura quelque part dans Paris (au Luxembourg par exemple), un Conseil d'hommes éminents et sérieux, discutant en présence du pays tranquillisé quel est le gouvernement qui lui convient. Maintenus par l'opinion et la publicité, les législateurs le seront bien plus encore par le sentiment de leur responsabilité prochaine devant la France, juge en dernier ressort de la Constitution qu'on fera pour elle. Et quant à ces Assemblées de cinquante persounes au plus par département, parmi lesquelles nous retrouverons les constituants, j'y vois une première intervention du peuple dans ses affaires, qui lui donnera, comme en Amérique, le respect de la loi qu'il aura faite, et le véritable esprit de gouvernement.

C'est ainsi, selon moi, qu'il est aisé de préserver la France d'inévitables orages, en faisant de la liberté franchement pratiquée, de la souveraineté sincèrement acceptée, la plus ferme garantie de l'ordre et de la paix. Consulter le pays est une immense opération, mais, divisée comme je le propose, et simplifiée par sa division même, elle peut se faire sans autre agitation que celle de la plume et de la parole, agitation aussi désirable, aussi féconde, que celle de la rue est stérile et dangereuse. Chez un peuple fait pour la liberté, jamais la tranquillité n'est mieux assurée que quand il parle et qu'il sait qu'on l'écoute.

DIXIÈME LETTRE.

Jusqu'où s'étendra le pouvoir constituant de l'Assemblée de révision?

A cette Assemblée ainsi faite quels pouvoirs doit-on confier? — Le pouvoir constituant seul, mais tout entier; car c'est une autorité qui de sa nature ne se limite guère. C'est au nom de la France que parle l'Assemblée, il lui faut donc toute liberté; du reste, il n'est pas à craindre qu'elle aille trop loin quand la nation qui surveille a le dernier mot. Si en 1789 la Constituante a dépassé son mandat, c'est que dès le premier jour elle s'était affranchie de ses commettants ; sinon elle se fût arrêtée à la royauté constitutionnelle, au lieu d'aller se perdre dans ce gouvernement hybride qui, n'étant plus la monarchie, n'était pas encore la république. Aujourd'hui, plus que jamais, il faut que la lumière se fasse ; il faut que tout régime politique soit librement et publiquement discuté, car il est nécessaire que le pays mis en demeure soit forcé de se prononcer ; lui seul peut imposer silence à tous ces partis qui parlent en son nom et couvrent sa voix.

En février 1848 on nous a imposé la république par une usurpation flagrante de la souveraineté ; et au mois de mai l'Assemblée l'a adoptée comme une trêve nécessaire. C'était sans doute le plus sage ; mais le moment est venu d'examiner froidement ce qui convient au pays, et ce qu'il demande. République ou monarchie sont des formes politiques que la nation, pour qui elles sont faites, a toujours droit de discuter, et rien ne peut l'empêcher de repousser l'une ou l'autre comme un vêtement qui l'étouffe. A moins que la République ne soit descendue des cieux, le seul principe qui fait sa légitimité, c'est la volonté générale, et il n'y en a point d'autres. En politique il n'y a de lois fondamentales pour un peuple que celles qu'il fait et qu'il accepte, et, par conséquent, il a le droit de les défaire et de les refuser. Point de fétichisme et ne nous payons pas de mots ! Ce que nous avons droit d'exiger c'est un gouvernement qui nous convienne, quel qu'en soit le nom ; ce que nous avons droit de repousser c'est un régime qu'on nous impose en vertu d'un autre principe que la volonté générale ; en somme, ce qu'il nous faut (république ou monarchie, peu importe), c'est un gouvernement national, et non pas un gouvernement de droit divin.

« Mais comment la France, divisée par tant d'opinions diverses, parviendra-t-elle à reconnaître et à manifester sa volonté ? »

Par le choix de l'Assemblée de révision et par les discussions sans nombre qui vont précéder l'élection. C'est là l'immense avantage du système que je recommande. En 1852, s'il faut nommer une Assemblée qui gouverne et constitue tout ensemble, mille passions, mille intérêts, mille influences diverses troubleront l'électeur; mais, en ce moment, une seule idée, une seule passion l'agitera : faire triompher le gouvernement qu'il aime, assurer la victoire du député qui représente son opinion et ses vœux. Tout l'effort de l'esprit public sera concentré sur un seul objet; chaque parti n'aura qu'une idée, chaque candidat qu'une promesse; point de faux-fuyants, point d'erreurs, point de coalition possibles; rien n'altérera, rien ne détournera ces grands courants d'opinions qui vont s'établir, emportant avec eux tout ce qui est schisme, nuance, intérêt, calcul. De cette confusion de mille bruits divers, dont la variété nous inquiète, surgiront quelques grandes voix qui domineront les clameurs des coteries, qu'on entendra seules, et entre lesquelles la France choisira.

Abordons franchement la question; examinons quelles sont les solutions qui ont chance de succès : le nombre en est plus limité qu'on ne pense, et l'on s'en aperçoit bientôt quand on les examine de près.

Commençons par les partis extrêmes. Est-ce la république rouge ou socialiste dont vous redoutez l'avénement? Mais ce n'est pas une opinion; c'est un nom de guerre qui couvre des partis ennemis et opposés. Dans la nouvelle Montagne on va de la solidarité, de la communauté, de la servitude universelle, c'est-à-dire de doctrines qui bouleversent la société, jusqu'à des théories moins farouches, et qui n'atteignent que l'État. Supprimer la présidence et donner à la France un gouvernement sans tête et qu'elle ne gardera pas six mois, c'est une erreur politique qui nous coûterait cher; mais il y a loin de la

au serment d'Annibal ! Cette réunion, cette coalition de mécon-
tents qui se retrouve en tout pays, et plus nombreuse en temps
de révolution, est forte pour attaquer ce qui résiste, et pour
marcher, de ruines en ruines, vers un horizon que chaque ambition recule à son gré. C'est là ce qui en fera le danger, si
l'on attend 1852 pour opposer à ce terrible effort une société sans chef et demi-vaincue dans son abandon. Mais
aujourd'hui, quand il s'agit non plus de renverser, mais de
fonder, pour gagner l'opinion il faudra autre chose que des
déclamations contre l'État ou la société; il faudra présenter
un système, un corps de doctrine, un plan d'organisation
politique ou sociale. Dès lors, adieu l'union. Où trouver un
symbole commun? Comment enrôler sous un même drapeau ceux qui rêvent un nouveau monde et ceux qui veulent
ressusciter la Convention, les apôtres de la fraternité et les
apôtres de l'individualisme, les amis de la liberté et les
fanatiques du Dieu-État? Pour marcher à l'assaut de la société, il suffit d'une haine commune; les ambitieux, les impatients, les enthousiastes, les esprits faux, tout ce qui se croit
méconnu ou se sent dédaigné, forme aisément une bande de
guerre. Mais pour fonder il faut une croyance, il faut le dévouement et l'abnégation que suppose toute ferme conviction. Dans
la république rouge il y a des individus, il n'y a pas même
les éléments d'un parti. Les socialistes essayeront peut-
être une croisade inutile; les républicains de la Convention seront forcés de se joindre aux républicains modérés. Ce n'est
point là qu'est la chance de succès.

Est-ce la légitimité qui triomphera? c'est-à-dire cette doctrine qui fait de la royauté une loi fondamentale antérieure
et supérieure à la nation, et qu'on ne doit pas discuter,
puisqu'on ne peut pas la changer? Il est bon qu'on l'examine.
La monarchie et la personne même du duc de Bordeaux sont, re-

marquez-le bien, en dehors du débat, car demain la France pourrait choisir le régime de 1830, et, par des raisons de politique, de reconnaissance, d'affection, offrir la couronne au prétendant, sous des conditions réglées et acceptées, sans que pour cela elle reconnût la légitimité et le droit divin. Tout au contraire, ces chimères du vieux temps recevraient un coup mortel de l'acceptation du prince. Nous aurions, comme en Angleterre, une monarchie nationale, légitime par le choix qu'en a fait le pays, mais non pas une royauté qui tire je ne sais d'où le droit de s'imposer éternellement. Rien ne peut être plus utile que d'entendre publiquement les défenseurs de la légimité. Il faut qu'on sache d'où viennent ces lois qui ne sont ni de Dieu ni de sa justice, et qui, cependant, sont éternelles. Je ne serais pas fâché de lire le contrat par lequel nos aïeux, en couronnant Hugues Capet, que je soupçonne d'usurpation, nous ont transmis à tout jamais une servitude originelle. Qu'on nous expose aussi cette ancienne et merveilleuse constitution française, où, sans doute, la liberté était partout et le privilége nulle part; apprenons à connaître cet âge d'or que nous avons laissé derrière nous; car il nous faut des convictions profondes pour marcher contre cette pente des siècles que nulle génération n'a jamais remontée. La légitimité est un fantôme qui s'évanouira, comme tous les fantômes, aux premières lueurs du jour. Nous verrons si, en face du peuple et pour gagner sa voix, on lui dira qu'il est un droit qui emporte le sien, une autorité qui ne vient pas de lui; ou si, tout au contraire, nous ne serons pas témoins d'une métamorphose désirable, et si la légitimité ne deviendra pas simplement la monarchie constitutionnelle, la Charte avec un autre préambule.

Si, comme je le pense, la république rouge, la république qui prend la Convention pour modèle ne croit pas elle-même à son succès prochain, et si la légitimité se transforme ou se

modifié, nous aurons deux grands systèmes en présence : la
monarchie et la république. Le premier sera défendu par ceux qui
sont restés fidèles à la légitimité ou à la dynastie de 1830, et
par tous les hommes qui pensent que le régime républicain
est une cause de faiblesse pour un État qui a derrière lui
1,400 ans de royauté, autour de lui des monarchies menaçantes,
et dont les mœurs et les goûts n'ont rien moins que la simplicité qu'on prête aux républiques. Le second système sera
soutenu par les républicains de la veille et tous ceux qui, sans
être ingrats pour la noble famille d'Orléans, sans manquer
de respect aux infortunes de la branche aînée, croient qu'il
est trop tard pour retourner à la monarchie. On peut regretter
que le 24 Février nous ait brusquement précipités dans la république, mais il est aisé de voir que la monarchie constitutionnelle nous y menait chaque jour, et qu'en nous habituant au
libre gouvernement, le sage roi que regrette la France prépa-
rait l'abdication de ses enfants.

« Voilà, direz-vous, non pas deux, mais cinq partis en pré-
« sence ; l'alliance ne sera tout au plus que d'un jour ; on se
« divisera dès le lendemain, sinon avant le vote. » —Non, mon
ami, ou plutôt il y aura division parmi les individus, rapprochement et fusion parmi les opinions. Sans doute, il y aura des
fidèles qui seront plus royalistes que le roi, et des républicains qui, de crainte d'une transaction, iront au socialisme ; mais les gens sensés et froids, plus nombreux et plus
puissants que les têtes chaudes dans les temps paisibles,
seront tout disposés à se faire des concessions mutuelles dans
l'intérêt sacré du pays. Du jour où la légitimité ira redemander
le baptême à ce peuple, qui autrefois la créa, les partisans de
la monarchie seront bien près de s'entendre ; si, au contraire,
la légitimité ne descend pas sur le terrain constitutionnel, la
cause de la royauté est perdue, et la plupart des monarchistes

par raison (c'est le grand nombre) iront à la république, et cette fois sans retour.

Il est donc plus que probable qu'il se fera une grande opinion défendant la monarchie constitutionnelle, laissant au pays le choix du souverain; c'est là sans doute le nœud de la difficulté, moins fort pourtant qu'on ne pense, et qu'en tout cas il appartient à la France seule de trancher.

Dans le parti républicain il se fera forcément une fusion de même nature. La république de la Révolution et de la Charte de 1848, la république avec une seule Assemblée a fait son temps; supprimer le président est une idée peu populaire; en donner le choix à la Chambre, ne réussira pas mieux. On ne veut plus d'une Constitution qui nous donne pour état régulier la lutte des pouvoirs; on ne veut pas davantage de la tyrannie d'une Assemblée. Si la République veut être acceptée par la France, il lui faut une *organisation nouvelle*. Est-ce qu'un pays peut jouer son va-tout de trois ans en trois ans, livrer par une mauvaise élection sa fortune à une puissance irresponsable et absolue? Ce n'est pas là le gouvernement qui convient à un peuple qui travaille, car l'industrie, la production, les capitaux ont besoin de sécurité, de paix, d'avenir. Il ne faut pas leur envier le temps.

Comment donc doit se modifier la république pour être acceptée par l'opinion? Il faut qu'elle devienne une RÉPUBLIQUE CONSTITUTIONNELLE, c'est-à-dire une république avec des pouvoirs définis et modérés, une république comme est celle des Etats-Unis, qui vit, travaille, prospère et grandit chaque jour, et qui, certes, donne autant de liberté et plus de sécurité que notre gouvernement.

« Mais jamais les républicains de la veille n'accepteront deux « Chambres. » — Eh bien, ils pousseront à la monarchie constitutionnelle tous les républicains du lendemain; tous ceux qui veulent la liberté réglée, et qui ne se payent pas de mots. La république est un beau nom, mais il a plus souvent caché le despotisme et la tyrannie, qu'il n'a paré la liberté. Il faut avant tout savoir ce qu'elle promet, et ce qu'elle donne. Si les républicains de la veille n'ont pas compris l'expérience de ces deux années, s'ils n'ont rien de plus à nous offrir que leur œuvre impossible et condamnée par les événements, qu'ils s'attendent à rester seuls, surtout s'ils ont en présence un grand parti réuni autour du drapeau de la monarchie constitutionnelle. Entre un gouvernement éprouvé par trente ans de prospérité, et la Constitution de 1848, quelque crédule qu'on suppose la France, son choix ne sera pas long.

Il se fera donc, par la force des choses, un rapprochement, un amalgame entre les diverses fractions de l'opinion monarchique et de l'opinion républicaine. Comme heureusement il y a en France un noyau considérable d'hommes honnêtes, qui, sans épouser les intrigues et les passions du jour, sont sincèrement attachés à la liberté, d'hommes qui tiennent au fond plus qu'au titre du gouvernement constitutionnel, il faudra bien que les partis divers se rapprochent de ce régime populaire, pour conquérir cette part de la France, la plus importante et la plus respectable, qui veut l'ordre et la liberté. C'est cette opinion modérée qui, en se jetant du côté de la république ou de la monarchie, emportera la balance. Pour réussir, il faut donc la gagner, mais pour cela, en des temps paisibles, il faut autre chose qu'un *tour de main*. On ne la trompe pas par de vaines paroles, on ne la séduit que par des offres sérieuses, et sur lesquelles elle peut compter.

C'est avec l'ordre et la liberté garantis l'un par l'autre qu'on doit acheter cette opinion que ne troublent ni la passion, ni la cupidité. Il faut donc nécessairement que les légitimistes ou les républicains *avancés* se transforment avant l'élection, et qu'à la

monarchie constitutionnelle vienne s'opposer la république
constitutionnelle.

Ce sont, du reste, deux formes de gouvernement bien
plus voisines qu'on ne pense, comme on peut s'en assurer en
comparant la Belgique et les Etats-Unis, deux formes de gouvernement qui ont partout réussi, et assez parfaites pour que la
théorie, qui d'ordinaire devance la pratique, n'ait pas encore
trouvé mieux. Dans le régime constitutionnel, république ou
monarchie, les diversités de détail vont à l'infini, mais il y a
trois règles fondamentales et qui le caractérisent, trois règles
qui ne sont que la consécration du grand principe de la séparation des pouvoirs, proclamé par notre Constitution qui n'y a
rien compris. Ces trois règles, que les sages de 1848 ont dédaigneusement rejetées après trente ans d'heureuse expérience,
sont la division du pouvoir législatif (car sans division, il ab-
sorbe tout le gouvernement), l'indépendance du pouvoir exécutif, l'indépendance du pouvoir judiciaire. Elles sont, on peut le
dire, l'essence de tout gouvernement libre, l'âme de toute république qui n'est pas une confusion ou une tyrannie; elles
sont toute la Constitution américaine, à qui nous avons tout
pris, hors ce qui fait son principe et sa vie. Si l'on veut une république que le pays adopte et qui vive, c'est à ces trois règles
qu'il faut nécessairement revenir.

Ainsi donc, selon moi, les partis sérieux seront nécessairement ramenés à se grouper autour de la monarchie et de la
république constitutionnelle. L'expérience, qui a dissipé bien
des illusions, amènera plus d'un légitimiste à la royauté constitutionnelle, et plus d'un républicain désabusé à la forme américaine. Et si le pays, franchement consulté, peut choisir librement, si le vote n'est pas faussé, c'est entre ces deux formes
de gouvernement qu'il choisira[1].

---

[1] Je ne dis rien de l'Empire, ce n'est qu'un mot. Personne, à moins d'être

Demander au pays de se prononcer entre la monarchie et la république, l'appeler à choisir un roi ou un président, c'est sans doute chose difficile, et qui peut mettre en éveil beaucoup d'ambitions ; mais, pour la France, la question est petite si le gouvernement constitutionnel est solidement organisé. La liberté sauvée, le reste est secondaire. Après tout, si la France veut la monarchie constitutionnelle, je ne vois point qui peut la lui refuser, qui peut l'empêcher d'élire librement son chef héréditaire. Une génération, dit-on, n'a pas le droit de lier les autres. Mais nos enfants feront ce qu'ils voudront, et il est au moins singulier que ce soit au nom de ces générations qui n'existent pas encore, et dans un intérêt qui n'est pas né, qu'on prétende nous assujettir à une république qui ne nous convient pas, et qui peut-être ne leur conviendra pas davantage. Parler ainsi, c'est mettre sa foi au-dessus de sa raison.

Pour moi, je pense qu'à l'examen la cause de la république constitutionnelle sera la plus favorable, et que les lumières non moins que les passions concourront à fonder ce gouvernement. Par la facilité même avec laquelle il se prête à des améliorations successives, il est plus solide que la monarchie, en paraissant l'être moins. Il nous donne en Europe une position plus forte, car si la paix s'établit dans la France républicaine, il n'est pas un pays civilisé qui ne tende à la république, et par conséquent, pas un peuple qui ne soit notre allié secret. Nous aurions en Europe la souveraineté de l'opinion, qui est une force incalculable. Intérieurement, la république me paraît aussi le

fou, ne peut rêver la restauration du despotisme impérial, et, sous le nom d'Empire ou de Consulat, les plus ambitieux amis du Président ne peuvent lui désirer autre chose qu'une royauté ou une présidence constitutionnelle. Il n'est donc pas besoin d'en faire un examen séparé. La France choisira le prince Louis, si elle le veut pour roi ou pour président, mais assurément elle ne rétablira pas le gouvernement impérial. De pareilles ruines ne se relèvent pas.

meilleur régime. En habituant les citoyens à compter sur eux-mêmes, à gérer les affaires générales comme leurs propres affaires, il les rend moins exigeants. En faisant peser la responsabilité sur tous, il la divise et, par conséquent, allège le pouvoir exécutif de cet énorme fardeau qui l'écrase, car nous le chargeons sans pitié de tous nos besoins, et nous lui demandons compte de toutes nos espérances. La mobilité même de la présidence est un avantage dans une société aussi inquiète que la nôtre, quand ce vice est corrigé par la sagesse et la persistance d'un sénat; elle divise ce flot d'opposition qui, grossissant avec les années, emporte chez nous tous les gouvernements, et fait de leur durée même une cause de ruine. Enfin, dans un État où la liberté de la presse et de la tribune est absolue, et où les mœurs ne soutiennent ni royauté ni pairie, je ne conçois pas d'autre régime durable que le régime républicain, et je n'en vois pas un qui soit en même temps plus solide et plus honorable.

Mais c'est précisément parce que je suis convaincu de ses avantages, que je demande une discussion libre, complète, à la face de la nation et de l'Europe; une discussion qui habitue le pays à estimer le régime qu'il adopte, en attendant qu'il l'aime quand il en connaîtra mieux les bienfaits. Que si la France, après tout, ne se sent pas mûre pour la république, et veut encore la monarchie constitutionnelle qui l'y mènera régulièrement, je me déclare tout prêt à me soumettre, n'ayant pas l'orgueil de l'infaillibilité, et persuadé par toutes mes études que s'il est une science où l'absolu n'existe pas, c'est assurément la politique. Depuis Solon, il a toujours été vrai que le meilleur gouvernement est celui qui convient le mieux à la nation pour laquelle il est fait, et De Maistre a pu dire sans paradoxe que la Constitution anglaise était d'autant plus parfaite, qu'elle ne pouvait convenir à aucun autre peuple que l'anglais.

En somme, dans notre temps, personne n'a droit d'imposer sa volonté au pays, et pour le conduire, il faut d'abord le convaincre. L'âge des Égéries est passé, et il n'y a plus de législateur inspiré. L'empire est à la parole, à la presse, à la raison. Que la discussion soit complète, franche, publique, c'est tout ce que peuvent demander les opinions diverses; mais aucune n'a droit de commander; le seul juge est la France, car elle seule est souveraine, et c'est à elle qu'appartient le choix de son gouvernement. Qui donc pourrait sans crime choisir en sa place, et prendre sur sa tête une pareille responsabilité?

ONZIÈME LETTRE.

Résumé.

Permettez-moi, mon cher ami, de terminer cette trop longue correspondance, où je parle toujours seul, par une comparaison des deux systèmes, celui auquel, selon vous, nous condamne la Constitution, celui que j'emprunte à la sagesse des fondateurs de la liberté américaine, et qu'avait adopté l'expérience des conventionnels de l'an III.

D'une part, inquiétude universelle qui commence déjà et qui ira toujours croissant jusqu'en 1852; la Chambre tenue en échec par une minorité qui ne cache point ses espérances, les pouvoirs s'affaiblissant de jour en jour jusqu'à cette date fatale de 1852, le Mane Thecel Pharès du parti de l'ordre et de la paix. D'ici là peut-être une explosion qui emporte en même temps la république et la liberté, un coup de cette furie fran-

çaise qui par impatience du présent se jette tête baissée dans
l'inconnu. En 1852, si le parti de la révision ne triomphe pas,
une révolution imminente; s'il réussit, élection d'une Assemblée nombreuse, d'une foule passionnée que rien ne con-
tient et qui peut renouveler toutes les erreurs de la Convention.
Puis, supposez la Constitution faite au milieu des ambitions
émues, des passions soulevées, cette Constitution qu'on imposera au pays comme en 1791, comme en 1848, sans lui
demander sa ratification, nous recommencerons l'élection
d'une nouvelle Assemblée qui sera bientôt dégoûtée, comme la
nation elle-même, d'une œuvre qu'elle n'aura pas faite. Ainsi,
agitation prochaine, inquiétude croissante, la France sans
gouvernement régulier, soumise au despotisme et à la mobilité
d'une Assemblée toute-puissante, un an de crainte, plus tard
des dangers sérieux, voilà ce qu'on nous promet, voilà ce que
la sagesse de nos constituants a fait pour cet empire, que Gro-
tius appelait *le plus beau royaume du monde après le ciel!*

Dans mon plan, on prévient dès le premier jour toute inquiétude; dès le premier jour, assurance et calme pour le pays,
car on lui remet la pleine possession de lui-même; c'est à
lui qu'il appartient de réfléchir sur le gouvernement qui lui
plaît, et de décider de ses destinées; point d'interruption des
pouvoirs réguliers, l'ordre maintenu, la paix assurée dans le
présent et dans l'avenir. C'est la France, en pleine jouissance
de sa souveraineté, qui nomme, non point une Convention de
sanglante mémoire, mais une simple Assemblée de révision
avec des pouvoirs définis, car elle sait par expérience que les
pouvoirs illimités, en égarant le mandataire, font la perte de
ceux qui l'ont nommé.

Dans cette combinaison, la discussion peut être large et sincère sans danger, car ni la séduction du pouvoir, ni l'effort
des ambitions coalisées, ni les passions des partis, ni la

crainte d'une crise prochaine, ne troublent le législateur. C'est en présence du pays qu'il discute, du pays qui doit ratifier. Le respect de l'opinion le maintient dans la sagesse et la modération.

Craint-on la lutte des deux Assemblées? Elle n'est pas possible : leurs attributions sont différentes, et les membres les plus éminents de l'une figureront nécessairement dans l'autre. D'ailleurs, quelle prise aurait l'Assemblée de révision sur l'Assemblée législative, puisque son œuvre n'est rien avant la ratification du pays? Et que pourrait faire la Législative, puisque la Constituante, portée d'ailleurs par l'opinion, est, dans l'accomplissement de son mandat, au-dessus de toutes les lois?

Le travail terminé, la France, qui l'a suivi, reprend son autorité, fait entendre sa voix, et adopte comme sienne l'œuvre de ses mandataires. Pour la première fois peut-être elle peut dire librement ce qu'elle veut.

La ratification faite, l'élection de la Chambre ou des Chambres en 1852 n'est plus qu'une élection régulière et qui ne peut inquiéter le pays, car c'est un retour à l'ordre, un pas vers le définitif. La nomination du chef de l'État, fût-ce d'un roi qu'il s'agit, n'est pas plus effrayante que celle du président, qui s'est passée avec un ordre admirable. Rien n'est donné à la force, au hasard; tout se fait régulièrement, légalement; la France montre à l'Europe ce que c'est qu'un peuple libre et digne de la liberté.

Qui peut repousser une pareille mesure? Les légitimistes qui demandent l'appel au peuple refuseront-ils de l'interroger? Les amis de la monarchie constitutionnelle n'ont-ils pas tout intérêt à voir poser une pareille question? Les partisans de Louis-Napoléon n'y trouvent-ils pas une solution régulière et un double espoir? Enfin, les républicains qui veulent une république durable et qui ont confiance dans la supériorité de leurs idées n'ont-ils pas tout à gagner à une discussion paisible et publique? A moins d'être infidèles à tous leurs précédents, peuvent-ils entraver l'appel au pays? Si l'on attend 1852 et ses agitations, sait-on quel gouvernement en peut sortir? Un coup de main peut amener au pouvoir le parti démagogique; mais qui ne voit dans ce triomphe la perte de la république? Si ce noble gouvernement a tant de peine à vivre, c'est que la Convention l'a taché de sang. Une victoire comme celle de Février le tuerait sans retour.

Ainsi toutes les opinions sensées doivent se réunir dans un même effort; ce n'est pas là une coalition qui affaiblit et souvent déshonore; c'est le recours de gens d'honneur à ce suprême arbitre que tous invoquent et devant lequel tous peuvent s'incliner sans honte, car cet arbitre c'est la France. Elle seule peut élever la voix par-dessus les clameurs des partis; elle seule a qualité pour résoudre le grand problème dans lequel sa gloire, sa fortune et son avenir sont engagés.

L'appel au peuple ce doit être le cri de tous les amis de la France, car cet appel est juste, légitime, nécessaire, et le pays peut seul nous sauver d'une ruine menaçante en nous imposant la soumission et l'union.

C'est à la Chambre à répondre au vœu de la France, à comprendre que son premier devoir constitutionnel c'est de reconnaître l'imprescriptible, l'inaliénable souveraineté du peuple, c'est d'en assurer l'exercice quand cette action est notre seul moyen de salut. Si l'Assemblée hésite; si, tout entière à ces misérables querelles qui sont le fruit amer de notre impossible Constitution, elle oublie l'intérêt national; si par défiance, par crainte, ou par haine du président, elle continue de lutter avec lui au bord de l'abime où le temps les pousse tous deux, sans voir que pour perdre un rival elle compromet la patrie, c'est à nous de parler, d'agir, de multiplier lettres, brochures, pétitions.

C'est de nous, de notre avenir, de la fortune de nos enfants, de la grandeur de la France qu'il s'agit ; c'est à nous de parler, à nos mandataires de nous écouter et d'obéir. Que l'opinion se prononce, et soyez sûr qu'il y aura bientôt dans l'Assemblée un grand parti qui s'inclinera devant la souveraineté nationale. Pour sauver la France il ne faut en ce moment qu'un peu d'énergie et de volonté ; en 1852 tout sera peut-être inutile ; il sera trop tard.

Levons-nous donc, et que le cri de ralliement soit le même pour tous, car c'est le seul qui permette une lutte loyale, en pleine lumière, à armes égales, en présence du seul juge que tous peuvent accepter : UNE ASSEMBLÉE DE RÉVISION ; POINT DE CONVENTION !

Vous m'avez demandé mon opinion ; mon ami, la voilà tout entière. Bonne ou mauvaise, elle est sincère. Ce n'est ni l'ambition ni l'esprit de parti qui l'ont dictée. Quand je demande que la France soit consultée, j'ignore quelle sera sa réponse, mais je suis prêt à me soumettre sans murmure et sans regrets. Ce que je veux, c'est que ma patrie n'use plus ses forces en de stériles émotions, tandis qu'en avant de nous, et non moins libres, la Belgique, l'Angleterre, l'Amérique, heureuses sous un gouvernement constitutionnel, font d'immenses progrès en industrie, en commerce, en améliorations de toute espèce. Ce que je veux, c'est que la France cesse de s'épuiser autour d'un problème résolu, quand tant de questions qui touchent à la vie et au bien-être des générations présentes et futures attendent une solution que l'ordre et la paix peuvent seules donner. Sans formes constitutionnelles, la liberté est menacée et se perd par ses excès ; avec la séparation des pouvoirs, sa durée est certaine, et ses bienfaits assurés, quel que soit le nom du gouvernement. Toute décision est donc bonne qui, débarrassant le pays d'une Constitution mauvaise et qui la gêne, lui permettra de rentrer dans la carrière de la civilisation et d'y regagner le temps perdu. Heureux si je puis faire passer cette conviction dans les esprits, et les ramener dans cette voie de liberté réglée, hors de laquelle il n'y a pour un Etat que troubles, faiblesse et déchéance ! Voilà mon ambition ; elle est haute sans doute, mais je m'adresse à tous les cœurs qui battent au nom de la France, en leur jetant pour adieu ces mots qui gagnent les victoires en révolution comme en guerre : Amis, le pays attend de nous que chacun fasse son devoir !

FIN.

APPENDICE.

Voici ce que j'écrivais en 1848, au lendemain des journées de juin. Si je réimprime ces pages oubliées, ce n'est point pour disputer à M. de la Gervaisais le triste renom de prophète inconnu ou incompris. Je ne me crois pas plus sorcier que les auteurs de la Constitution; mais comme la politique est un art fondé sur l'expérience et la raison, un art dont le législateur n'a pas le monopole, je me suis permis d'annoncer, comme eût fait un médecin, qu'en prenant à la Constitution de 1791 ses principes délétères, l'Assemblée nous inoculait le désordre et la révolution. Aujourd'hui, qu'on s'en prend à l'ambition du président, ou de l'Assemblée, des inquiétudes et des dangers d'une situation qu'ils n'ont pas faite, ces lignes, écrites non-seulement avant le 10 décembre, mais quand la Constitution même n'était qu'un projet, auront peut-être quelque intérêt, en signalant la vraie cause et le vrai remède du mal dont nous souffrons.

Il y a longtemps que Washington remarquait que le peuple est lent à découvrir l'erreur, et d'une extrême impatience quand une fois il l'a reconnue, parce qu'il ne voit pas le mal, mais qu'il le sent. En ce moment nous souffrons, et cherchons instinctivement d'où vient cette douleur sourde qui travaille toute la société; elle vient de la Constitution, c'est là qu'est le venin. Comme tant d'autres, je l'ai signalé dès le premier jour. On ne m'a pas cru, probablement même on ne m'a pas lu; ou bien on a trouvé, comme aujourd'hui peut-être, quand je parle de 1852 et de la Convention, que j'allais trop loin et que je m'effrayais à tort. N'importe, alors comme aujourd'hui, j'ai rempli mon devoir. La victoire n'est pas entre les mains du soldat, et cependant s'il ne se bat pas, la défaite est certaine!

Je ne doute pas, du reste, qu'en lisant ces lignes il n'y ait des gens qui aiment mieux faire de moi un prophète trouvant la vérité par hasard, qu'un homme clairvoyant. Nous sommes si rusés pour ménager notre amour-propre, et nous aimons si peu reconnaître que nous nous sommes trompés! Il est si commode, quand on a été législateur, de rejeter sur les défauts de l'humanité les vices de l'institution qu'on a maladroitement imaginée! Si demain on plaçait sur la même voie deux locomotives s'avançant l'une sur l'autre (image bien naturelle du président et de l'Assemblée), il ne manquerait pas de gens, dans notre bon pays, qui, tant que les machines ne se seraient pas heurtées, dénonceraient à l'indignation publique quiconque oserait effrayer les voyageurs, et, après le désastre, s'en prendraient uniquement aux *passions* des chauffeurs!

« Qu'est-ce que ce président, disais-je[1], à qui l'Assemblée impose d'ur-
« gence ses caprices sans qu'il puisse résister plus de quatre jours à l'en-
« traînement ou à la passion populaire?... Que fera-t-il du jour où l'As-
« semblée, lui imposant une volonté injuste, le forcera, par une loi votée
« en deux jours, à dénoncer un traité antérieurement accepté, ou à dé-
« clarer une guerre dont il ne veut pas, lui chargé des destinées du pays,
« et responsable devant la France, devant l'Europe, devant la postérité?
« Quel parti prendra l'Assemblée en face de la résistance d'un président
« élu par sept ou huit millions de suffrages, et cent fois plus populaire
« que le corps qui lui dicte des lois? Qui départagera cette Assemblée,
« qu'on ne peut renvoyer par une dissolution devant le peuple, son juge
« suprême, et ce président soutenu, encouragé dans sa désobéissance
« par l'opinion publique, et qui, n'ayant pas même de *veto* pour refroi-
« dir la passion de la Chambre, ne peut défendre ce qu'il croit l'intérêt
« du pays qu'en se révoltant? Verrons-nous une accusation briser le
« favori du peuple, ou un 18 brumaire élever un maître sur les ruines
« de l'Assemblée? Tout est possible, tout est probable, quand on met en
« jeu des forces inconnues; et, quelque ingénieuse que soit la machine,
« personne ne peut dire quel ressort se brisera, s'il en ignore la ré-
« sistance.

« Je défie tout homme de bonne foi de nier que dans le projet
« Lamennais ou dans le projet du Comité, un conflit entre l'Assemblée
« et le président ne puisse en arriver dans un temps assez court (et
« je ne parle point du cas où un prétendant serait nommé à la pré-
« sidence); je le défie également de me trouver dans toutes ces
« combinaisons le moyen d'empêcher l'explosion qui emportera la pré-
« sidence ou la législature, car dans cette crise fatale, tout dépendra
« d'un élément qu'on ne peut calculer, l'opinion.

[1] *Considérations sur la Constitution* (juillet 1848), p. 69 et suiv.

« Pour moi , la Constitution est grosse d'une révolution qui mène
« infailliblement à la dictature d'un homme, ou à la dictature des Comi-
« tés, si justement suspecte. Les dangers que je prévois, un autre peut
« ne pas y croire; mais il en découvrira que je ne soupçonne pas.
« Chacun du moins conviendra avec moi qu'il est impossible de deviner
« quel gouvernement peuvent nous donner une Assemblée souveraine,
« plus absolue que Louis XIV, et un pouvoir exécutif étrangement éner-
« vé, il est vrai, mais que l'opinion soutiendra dès le premier jour, parce
« qu'en France, comme chez toutes les races romaines, l'opinion s'in-
« carne toujours dans un homme, et que la nation aime à se sentir con-
« duite et tenue par un chef. Il n'est personne, en un mot, qui ne voie
« avec effroi qu'on lance le pays dans l'inconnu, et qu'au delà de ces
« ténèbres il y a peut-être tout un monde de révolutions ! Bien coupa-
« ble ou bien lâche celui qui , par orgueil ou par faiblesse, assume sur
« sa tête une pareille responsabilité !

« Pauvre France, en quelles mains es-tu tombée, et de quoi te sert
« d'avoir traversé tant de révolutions depuis cinquante ans, si tes enfants
« les plus chers ne connaissent pas encore ce que renferment ces con-
« stitutions, présent funeste des utopistes, fatales boîtes de Pandore d'où
« sont sortis pour toi tous les maux ! Quoi ! c'est chose indifférente pour
« une nation que de vivre sous un pouvoir exécutif fortement constitué,
« comme l'étaient l'Empire, la Restauration, et même la dernière monar-
« chie, et l'on peut, sans que rien en souffre, remplacer cette ferme or-
« ganisation par un simulacre de président, placé sous la tutelle mobile
« d'une Assemblée ? On peut substituer à la décision d'un chef unique
« la volonté ondoyante de neuf cents personnes, sans blesser le pays
« dans ses intérêts et ses habitudes les plus légitimes, et sans compro-
« mettre ou sans dénaturer cette centralisation dont on a sans doute
« abusé, mais à laquelle la France doit cette unité d'administration qui
« fait sa force?

« En présence des événements de février, quel était donc le devoir
« d'un législateur qui n'eût point méprisé les leçons de l'expérience ?
« N'était-ce pas de conserver, en les accommodant à la forme républi-
« caine, toutes les institutions qui donnaient une satisfaction légitime
« aux grands intérêts sociaux que nous avons reconnus? car enfin,
« république ou monarchie, la France n'a pas moins besoin d'unité et

« de stabilité dans son gouvernement. N'était-ce pas encore de ne pas
« oublier que la monarchie constitutionnelle n'étant au fond qu'une
« démocratie mitigée, il s'agissait, au lendemain d'une révolution, beau-
« coup moins de détruire que de consolider et de compléter un édifice
« où, pendant plus de trente ans, la France avait abrité sa fortune avec
« une confiance absolue ?

« Qu'y avait-il donc à changer dans le pouvoir exécutif tel que l'avait
« constitué la Charte, tel que l'avaient déterminé dix-huit ans d'un gou-
« vernement fondé sur la souveraineté nationale ? L'hérédité de la fonc-
« tion disparue et remplacée par une durée de quelques années, une
« responsabilité toujours présente, toujours facile, mise au lieu de la
« fiction qui protégeait le monarque, le pouvoir, de royal, devenait ré-
« publicain. Sa nature était complétement changée, et l'altération était
« trop profonde pour que, les attributions restant les mêmes, on ne se
« sentît pas néanmoins sous un gouvernement tout nouveau.

« Peut-être eût-il été prudent d'en rester là pour ne point effaroucher
« le pays surpris par la République. On eût évité ainsi un des plus graves
« dangers qui menacent le nouvel établissement, je veux dire le regret du
« passé. Si en effet le pouvoir exécutif est mal constitué, si sa faiblesse
« laisse grandir les mauvaises passions qui grondent dans les bas fonds
« de la société, si l'anarchie redresse la tête, les esprits se reporteront
« en arrière, et, par amour de l'ordre, se prendront à désirer la monar-
« chie ; tandis qu'un pareil retour eût été impossible si entre le prési-
« dent et le roi la grande différence eût été l'hérédité du pouvoir et
« l'irresponsabilité, deux priviléges qui ont un intérêt plus direct pour
« la personne royale que pour le pays. C'était l'affaire du temps que de
« limiter ce qu'on eût trouvé d'excessif dans les attributions du chef de
« l'État ; en somme, c'est l'œuvre constante de nos lois depuis 1815 ;
« mais c'est une œuvre qui demande des ménagements infinis, car le
« pays est le premier à souffrir de l'affaiblissement excessif de l'autorité,
« et dans une république ce danger est plus grand que dans une mo-
« narchie. L'usurpation d'une assemblée est bien plus facile que celle
« d'un roi et bien autrement désastreuse.

« D'ailleurs, s'il est une nation qui aime un pouvoir fortement
« constitué, qui méprise un chef dont elle ne sent pas le com-
« mandement, c'est assurément la France. La moitié de la gloire de
« l'Empereur, c'est le souvenir de cette volonté de fer qui brisait

« toute resistance ; et si quelque chose a déconsidéré et perdu le
« dernier roi, c'est la coupable faiblesse des ministres qui, dans
« l'intérêt de leur ambition, sacrifiaient l'administration aux calculs
« égoïstes de quelques privilégiés. Expérience du passé, intérêt et désir
« de la France, tout se réunissait donc pour que l'on conservât la parfaite
« indépendance du pouvoir exécutif, j'ajoute même pour qu'on l'étendît.
« Et, en effet, la responsabilité du président autorise des prérogatives
« plus étendues, exige une liberté plus grande ; car, à la différence du
« roi, le président agit par lui-même ; les ministres ne sont que ses
« commis, et non point son conseil nécessaire ; il faut qu'il puisse décider
« de son chef, et rapidement, car tout porte sur lui seul [1]. C'est au reste
« ce qu'avaient senti les Romains ; le pouvoir de leurs magistrats était
« toujours absolu. Le *veto* qui arrêtait un acte isolé n'atteignait point
« le droit même de l'officier. La responsabilité était la seule limite et le
« seul frein qu'un peuple libre voulût mettre à l'autorité de ses chefs,
« car il comprenait bien que cette autorité n'était que la volonté du peu-
« ple exercée par ses représentants. C'était sa puissance même qu'il
« respectait dans la prérogative du magistrat.

« Dans mon système, rien donc n'eût été plus facile que d'organiser
« le pouvoir exécutif sans danger pour la liberté ; le projet a trouvé
« plus simple de le supprimer et de faire aux mauvaises théories ré-
« volutionnaires le sacrifice de cet organe essentiel de l'Etat. Le prési-
« dent n'a qu'un semblant d'autorité dont un homme de cœur sera
« bientôt las. On lui laisse quelques-unes des pompes de la royauté, mais
« nulle indépendance, et, plus malheureux que les rois constitutionnels,
« obligé d'obéir aux ordres de l'Assemblée, il est responsable sans avoir
« la liberté de ses décisions.

« Mais, dit-on, le projet ne retire que la puissance législative, qui

« [1] Les Américains ont eu le sentiment de cette vérité, quand ils ont pris les
« ministres en dehors des assemblées ; non-seulement ils ont évité ainsi la cor-
« ruption exercée sur l'Assemblée, et des prévarications possibles ; non-seulement
« ils ont débarrassé le gouvernement de ces luttes de tribune, de ce pugilat par-
« lementaire qui détourne et frappe de stérilité toutes les *forces de l'administra-*
« *tion,* mais encore, et ce résultat est d'une importance extrême, ils ont assuré la
« parfaite indépendance du président, qui autrement sera toujours dominé par
« des ministres choisis communément dans la majorité de l'Assemblée, à ce
« titre plus puissants que lui, et souvent ses adversaires et ses contradicteurs
« déclarés. »

« n'est nullement une des attributions nécessaires de l'autorité exécu-
« tive ; voyez, pour exemple, les États-Unis. Je l'avoue, mais la ques-
« tion est plus délicate qu'elle ne semble, car elle intéresse au premier
« degré l'indépendance du président, et cette indépendance, c'est tout
« le gouvernement. Si le chef de l'État est forcé d'accepter la décision
« brûlante d'une assemblée unique, si après deux jours de retard il lui
« faut se courber sous une volonté qui n'est point la sienne, ce n'est
« plus un président, c'est un ministre aux ordres de la Chambre, et qui
« dix fois par an doit offrir sa démission sur quelque question de cabi-
« net. Un président doit, en certains cas, arrêter ou empêcher la déci-
« sion de l'Assemblée, sinon il n'est rien, et il est plus simple d'en re-
« venir au gouvernement des Comités. La tyrannie sera plus apparente
« et le pays s'y trompera moins longtemps.

« Un président peut-il donc, comme un roi, contrarier indéfiniment
« la volonté nationale exprimée (on le suppose) par l'Assemblée? Non
« sans doute, et les constitutions sérieuses n'ont pas voulu du despotisme
« du président plus que du despotisme des majorités. On a essayé de se
« tirer de cette difficulté par deux moyens. Le premier a été de donner
« au chef de l'État un *veto*, système forcé dans une charte qui n'admet
« qu'une seule Assemblée, mais qui (nous en avons fait l'expérience en
« 1791) a l'inconvénient de compromettre outre mesure le dépositaire
« de l'autorité, quand l'opinion soutient la Chambre, et qui, par consé-
« quent, ne lui laisse qu'une liberté plus apparente que réelle. Le second
« moyen, infiniment supérieur, comme le prouve l'expérience, a été
« d'instituer une seconde Chambre, ce qui assure à la discussion et au
« vote des lois un calme suffisant pour que les observations du président
« soient sérieusement examinées, longuement discutées, et que le véri-
« table intérêt du pays se fasse jour. En accordant, comme aux États-
« Unis, un *veto* suspensif au président, avec renvoi aux deux Chambres,
« en exigeant dans chacune d'elles une majorité des deux tiers en fa-
« veur de la loi repoussée, on a concilié avec sagesse le droit suprême
« du législateur et la liberté nécessaire au pouvoir exécutif.

« Mais ce pouvoir, sans lequel il n'y a point de gouvernement, le projet
« fait-il autre chose que de le supprimer et de le placer dans l'Assemblée,
« quand il soumet le président au caprice d'une Chambre unique qui en
« trois jours peut décréter l'urgence, et voter deux fois la paix ou la
« guerre, à une seule voix de majorité? Songe-t-on bien que dans la

« Constitution nouvelle les destinées de la patrie peuvent se trouver re-
« mises entre les mains d'un homme, et non pas de celui que la France
« a choisi pour président et en qui elle a confiance (celui-là, nos législa-
« teurs l'ont désarmé), mais entre les mains d'un député ignorant,
« trompé, vendu peut-être? Une boule mise par erreur à la place d'une
« autre décidera de la fortune de la France, cependant que l'homme le
« plus considérable du pays, le chef nominal de l'État, assistera impassi-
« ble au renversement de ses projets et de ses espérances, attendant les
« ordres d'une Assemblée changeante, passionnée, irresponsable, et qui
« dans toutes ses décisions ne voit guère que l'intérêt, souvent trompeur,
« de l'heure présente. Quelle diplomatie fera ce président sans puissance
« et qui ne peut répondre du lendemain; quelle alliance pourra-t-il
« suivre, quels traités pourra-t-il préparer? Et à l'intérieur quelle con-
« fiance inspirera cet homme qu'un vote de l'Assemblée fera tomber au
« premier jour? combien son commandement aura d'autorité, comme
« sa volonté dominera l'administration et imprimera aux affaires la ferme
« impulsion dont elles ont besoin! Comme on comptera sur une parole
« que l'Assemblée désavouera le lendemain; comme on exécutera un
« ordre que, trois jours après, elle déclarera injuste ou inutile! Accepte
« qui voudra cette position subordonnée, mais elle me paraît indigne
« d'un homme appelé par des millions de suffrages à diriger un pays
« comme la France, et qui sent toute la grandeur et toute la responsa-
« bilité de sa mission.

« Aussi je ne me lasserai pas de le répéter : c'est chez le légis-
« lateur le comble de l'aveuglement et de la folie que d'anéantir
« le pouvoir exécutif, et de s'en remettre à la mobilité d'une Assem-
« blée unique des destinées du pays. A l'extérieur, en présence de
« l'aristocratie anglaise et de la puissance russe si constantes, si fer-
« mes dans leurs desseins, c'est condamner notre malheureux pays à
« l'isolement, à la faiblesse, à l'avilissement; c'est perdre le fruit d'une
« révolution qui pouvait donner à la France le premier rôle politique en
« Europe; à l'intérieur, c'est livrer sciemment le pays à l'anarchie; c'est
« le forcer à se réfugier prochainement sous la dictature d'un homme,
« tyrannie toujours moins insupportable que celle d'une Assemblée. En
« affaiblissant le pouvoir exécutif, nos modernes révolutionnaires préten-
« dent sauver la liberté : ils la tuent comme ont fait leurs prédécesseurs;
« et ils n'ont pas, comme eux, l'excuse de leur ignorance ! »

« Qu'y a-t-il dans la Constitution, disais-je, en finissant avec peu de
« respect : ce sont toutes les vieilles erreurs de la Révolution, adoptées
« comme des dogmes, uniquement parce que les conventionnels les ont
« défendues; vieilles erreurs qui n'ont rien fondé, malgré le courage et
« le dévouement de nos pères, et qui ne soutiendront pas davantage le
« frêle édifice de 1848, parce qu'elles ont, dès leur naissance, le défaut de
« la jument de Roland: Régularité, simplicité, uniformité, rien ne leur
« manque... hormis la vie. *Emprisonner l'activité de la France dans ces*
« *formes stériles, c'est condamner le pays au supplice de Mézence; c'est*
« *le contraindre à traverser une fois encore les cruelles épreuves dont*
« *il vient de sortir tout sanglant* [1].

[1] Page 125.

FIN DE L'APPENDICE.

www.ingramcontent.com/pod-product-compliance
Lightning Source LLC
Chambersburg PA
CBHW062026200326
41519CB00017B/4944